GESCHICHTE UNTERRICHTEN

Ulrich Schnakenberg

Geschichte in Karikaturen

Karikaturen als Quelle

1945 bis heute

Reihe Kommentierte Arbeitsblätter

Bibliografische Information der Deutschen Nationalbibliothek

Die Deutsche Nationalbibliothek verzeichnet diese Publikation in der Deutschen Nationalbibliografie; detaillierte bibliografische Daten sind im Internet über http://dnb.d-nb.de abrufbar.

Die Reihe „Kommentierte Arbeitsblätter“ wird herausgegeben von
Michele Barricelli
Peter Gautschi
Vadim Oswalt
Hans-Jürgen Pandel
Bernd Schönemann

Die Reihe wurde gegründet von Ulrich Mayer, Hans-Jürgen Pandel
und Gerhard Schneider

www.wochenschau-verlag.de

Gesamtherstellung: Wochenschau Verlag
Gedruckt auf chlorfreiem Papier

Printed in Germany

ISBN 978-3-89974651-8

Inhalt

Einleitung

Warum Karikaturen im Geschichtsunterricht?

Das stärkste Argument, das für den Einsatz von Karikaturen im Geschichtsunterricht spricht: Schülerinnen und Schüler arbeiten gerne mit Karikaturen. Wie kein zweites Medium lädt die Karikatur als Synthese von Bild, Text und Symbol zum Entdecken, Rätseln und Vermuten ein. Diese Faszination, die Karikaturen – wie visuelle Medien generell – auf Schülerinnen und Schüler aller Schulformen und Jahrgänge ausüben, kann und sollte sich der Geschichtslehrer zunutze machen. Denn historische Karikaturen bieten als zeitgenössische Originalquellen eine Fülle von Anstößen zur Auseinandersetzung mit Geschichte. So eignen sie sich hervorragend zur Anbahnung, Vertiefung oder Verinnerlichung aktiver Lernprozesse.

Argumente für den Karikatureinsatz im Geschichtsunterricht

Der „visual", „pictorial" bzw. „iconic turn" hat mittlerweile auch die Geschichtswissenschaften erreicht. In der Alltagskultur, der Lebenswelt der Lernenden, ist dieser „neue" Trend jedoch schon viel länger Realität. Dies hat u. a. zur Folge, dass Schülerinnen und Schüler visuellen Medien deutlich aufgeschlossener gegenüber stehen als den traditionellen Lehrbuchtexten. Dieser Befund sollte selbstredend nicht dazu führen, dass Schule auf den scheinbar zeitgemäßen Zug des anstrengungslosen „Lernens" und der Konsumhaltung aufspringt. Die Entwicklungen und Folgen des Medienzeitalters dürfen jedoch bei der Unterrichtsplanung nicht ignoriert werden. Deshalb müssen die Schülerinnen und Schüler dort abgeholt werden, wo sie stehen, und die Mehrzahl der Lernenden – dies gilt inzwischen auch für das Gymnasium – muss innovativ motiviert werden, bevor sie sich auf ein neues Thema oder auch nur auf die Bearbeitung einer längeren Textquelle einlässt.
Hier ist die visuelle Stimulation durch eine funktional ausgewählte Karikatur ein probates Mittel. Denn die historische Karikatur ist kein schneller „eye-catcher", sondern eine anspielungsreiche historische *Quelle*, die Fragen aufwirft, Wissen und Nachdenken einfordert und so zur Weiterarbeit mit ergänzenden (Text-)Quellen anregt. Ihre zugespitzte Aussage fordert die Lernenden zur eigenen Thesen- und Urteilsbildung geradezu heraus. Diese aktivierende Funktion der Karikatur erlaubt es der Lehrkraft, sich auf ihre Rolle als Moderator und Helfer zu beschränken.
Die Auseinandersetzung mit Karikaturen soll ferner in Zeiten der Bilderflut der modernen Massenmedien dazu beitragen, den Blick für Bilder zu schärfen. Allerdings muss die Lehrkraft hier ausreichend Zeit zur Verfügung stellen und die Schüler dazu ermuntern, genau hinzusehen. Denn nur dann gilt das alte Argument, dass das menschliche Gehirn visuell transportierte neue Informationen schneller erfasst und nachhaltiger memoriert als rein verbal vermitteltes Wissen.

Karikaturarbeit fördert historisches und ideologiekritisches Denken

Neben die angesprochenen allgemeinpädagogischen und lernpsychologischen Begründungszusammenhänge treten geschichtsdidaktische Überlegungen, die ebenfalls für den (verstärkten) Einsatz von Karikaturen im Geschichtsunterricht sprechen.
Karikaturen sind in der Regel kein Abbild der Realität, sondern grafische Kommentare, die Partei ergreifen, verkürzen, verzerren, übertreiben. Sie sind per se kritisch, negativ, oft auch aggressiv. In den allermeisten Fällen beinhalten Karikaturen – ganz besonders die anspruchsvollen, für die vertiefende Arbeit im Geschichtsunterricht am besten geeigneten – ein Werturteil. Karikaturen sind Mittel der politischen Auseinandersetzung, dies muss den Schülerinnen

und Schülern immer wieder klar gemacht werden. Aber gerade im Erkennen der perspektivischen Verzerrung eines geschichtlichen Ereignisses bzw. eines geschichtlichen Prozesses durch den Karikaturisten liegen die großen Potenziale eines karikaturengestützten Unterrichts: Wenn die Lernenden tendenziöse Zeichnungen eigenständig als perspektivisch verfärbt erkennen und diese kritisch mit der historischen Evidenz vergleichen, sind wesentliche Ziele eines modernen Geschichtsunterrichts erreicht, bildet sich ein kritisches, reflexives Geschichtsbewusstsein heraus. Systematische Quellenkritik – *die* zentrale fachwissenschaftliche Operation des Geschichtsunterrichts – lässt sich an keiner Gattung besser einüben als an Karikaturen.

Tücken und Fallstricke der Karikaturarbeit

Karikaturarbeit birgt, wie die Arbeit mit anderen Medien auch, spezifische Schwierigkeiten und Risiken, derer man sich bewusst sein sollte. So ist die Gefahr von Fehlperzeptionen bzw. Fehlinterpretationen recht hoch. Viele Karikaturen (auch viele der hier präsentierten) sind inhaltlich sehr komplex, und Schülerinnen und Schüler benötigen erhebliches Kontextwissen, um sie verstehen und historisch einordnen zu können. Außerdem sind zahlreiche in der Vergangenheit häufig verwendete Symbole, Typen oder Nationalcharaktere der heutigen Generation nicht mehr geläufig und müssen zusätzlich erläutert werden. Dies gilt selbstredend auch für die dargestellten historischen Persönlichkeiten, deren Physiognomien i. d. R. nicht als bekannt vorausgesetzt werden können.

Die Karikaturarbeit erfordert von den Lernenden neben dem Wissen um den historischen Kontext häufig das Erkennen, Übersetzen und Entschlüsseln verschiedener Stilmittel wie z. B.:

- Übertreibung und Reduktion (Proportionen, Körpergröße und -umfang)
- Zeichen und Symbole (Hammer und Sichel, Hitlerbärtchen etc.)
- Metaphern (Abgründe, Fluten, Wegkreuzungen, Hell-Dunkel-Gegensatz etc.)
- Personifikationen (Geier, Ratten, Esel, Friedensengel etc.)
- Nationalcharaktere (Uncle Sam, Marianne, Michel, John Bull etc.)
- Ironie (häufig im Titel der Karikatur oder im ergänzenden Text zu finden)
- Bild- und Literaturzitate (das Aufgreifen von Tenniels Lotsen-Motiv oder anderer Bildikonen)
- Visualisierte Redensarten („den Gürtel enger schnallen", „ein Brett vor dem Kopf" etc.)

Darüber hinaus erscheint es wichtig, Karikaturen nur wohl dosiert einzusetzen, den Lernenden ausreichend Zeit für die Karikaturarbeit zu geben und die Zeichnungen durch andere Quellengattungen zu ergänzen.
Die oben konstatierte Stärke der Karikatur, nämlich die ihr immanente perspektivische Verzerrung durch den politisch Stellung beziehenden Zeichner, impliziert gleichzeitig die Gefahr von Missverständnissen und Fehlschlüssen. Den Schülerinnen und Schülern fällt es anfangs oft schwer, parteiliche Werturteile, die einem Vergleich mit der historischen Wirklichkeit nicht standhalten, als solche zu identifizieren. Aber gerade aus diesem Grunde sollte man diesen speziellen Quellentyp einsetzen. Wie an keinem anderen Medium kann man am Beispiel der Karikatur deutlich machen, dass historische Quellen in den seltensten Fällen „objektiv" sind und deshalb gerade *nicht* zeigen, „wie es eigentlich gewesen ist". Haben die Lernenden im Zuge der Karikaturarbeit die Fähigkeit zur Ideologiekritik erworben, kann diese neu erworbene Dekonstruktionskompetenz leicht auf den Umgang mit klassischen Textquellen übertragen werden.

Einsatzmöglichkeiten der Karikaturen

Die in diesem Band abgedruckten Zeichnungen lassen sich ab dem letzten Abschlussjahr der Sekundarstufe I einsetzen. Thematisch decken sie die Besatzungszeit, die Teilung Deutschlands, den Kalten Krieg, die Erosion des kommunistischen Machtbereiches, die deutsche Wiedervereinigung sowie die Probleme und Herausforderungen der Gegenwart ab (Kapitel I-VI). Neben diesen weitgehend chronologisch geordneten Themenblöcken zeichnen die Kapitel VII (Deutsche Debatten) und VIII (Die Europäische Integration) in einer Art Längsschnitt wichtige bundesrepublikanische und europäische Entwicklungen, Ereignisse und Kontroversen nach. Aufgenommen wurden schließlich auch Karikaturen zur Wirtschaftsgeschichte sowie zur Geschichte der Entwicklungs- und Schwellenländer.
Der vorliegende Band versammelt sowohl „deskriptive", also eher neutral-objektive Karikaturen, als auch bissig-subjektiv „kommentierende" Karikaturen (vgl. z. B. die Karikaturen 16, 17), die zum Teil Züge von „agitatorisch-propagandistischen" Zeichnungen (vgl. z.B. 12, 41) tragen. Die eher „deskriptiven" Karikaturen (vgl. z.B. 3, 8) bieten sich vor allem in Einstiegssituationen an, da diese Zeichnungen oft weniger tiefgründig und zumeist recht schnell zu erfassen sind. Um die hier vorwiegend vertretenen „kommentierenden" oder „analysierenden" Karikaturen herum kann indessen oft eine ganze Unterrichtssequenz bzw. Unterrichtsreihe geplant werden – wobei natürlich nichts dagegen spricht, auch diese Zeichnungen bereits in der Einstiegsphase einer Stunde oder Sequenz zu verwenden.
Die Arbeit mit „kontrastiven Parallelkarikaturen", die in diesem Band in größerer Zahl vorkommen (vgl. 9, 10, 20), bietet sich insbesondere an, um die oben angeführte Kompetenz „Ideologiekritik" gezielt einzuüben Dadurch, dass hier ein und dasselbe Ereignis bzw. derselbe Prozess – ggf. arbeitsteilig – aus entgegengesetzten Blickwinkeln betrachtet wird, fragen die Lernenden automatisch nach dem Wirklichkeitsbezug der Karikatur. So erkennen sie auch die Notwendigkeit weiterer Informationsbeschaffung bzw. nutzen bereits erworbenes Wissen zur kritischen Einordnung der in den Parallelkarikaturen enthaltenen Wertungen.
Neben dem Schwerpunkt der „kontrastiven Parallelkarikaturen" tragen zahlreiche hier versammelte Abbildungen den Charakter einer „Epochen-" oder „Prozesskarikatur". Diese Zeichnungen eignen sich besonders zur Erarbeitung von Kontextwissen bzw. fordern dazu auf, erworbenes Wissen (oft in neuen Zusammenhängen) anzuwenden. Sie bieten sich auch für Wiederholungsstunden, zur Rekapitulation abiturrelevanten Wissens oder zum handlungsorientierten Einsatz im Rahmen eines Lernzirkels an (z. B. zu den Themen „Deutschland in der Nachkriegszeit": Karikatur 7; „Kalter Krieg": Karikaturen 16-21; „Auflösung der Sowjetunion": Karikaturen 22, 24, 26, 32, 33; „Europäische Integration": Karikaturen 47-50).

Auswahlkriterien der vorgelegten Karikaturen

Die hier vorgelegte Auswahl von 50 satirischen Zeichnungen der Jahre 1945 bis heute soll es der Lehrkraft ermöglichen, zentrale lehrplanrelevante Themen innovativ und abwechslungsreich einzuführen, zu erarbeiten oder zu wiederholen. Neben der Lehrplanrelevanz, die einen deutlichen Schwerpunkt auf den Bereich Politikgeschichte mit sich bringt, kamen bei der Auswahl der Karikaturen folgende Kriterien zum Tragen: Relevanz des jeweils behandelten Aspekts, angemessener Schwierigkeitsgrad, Ästhetik der Zeichnung, Gegenwarts- und Zukunftsbedeutung. Die Karikaturen sollten dabei einerseits nicht zu leicht zu „knacken" sein, sonst bliebe die Chance des gemeinsamen intensiven Rätselns und Bedeutungsverhandelns ungenutzt; andererseits sollten die Schülerinnen und Schüler nicht durch zu abstrakte und zu komplexe Zeichnungen überfordert werden.
Auf die Inklusion der klassischen, in den meisten Schulbüchern abgedruckten Karikaturen wurde im Übrigen bewusst verzichtet. Dies bedeutet für die Lehrkraft zwar zunächst die Notwendigkeit einer gewissen Einarbeitung, bringt aber auch den intellektuellen Genuss einer neuen Herausforderung mit sich. Eine Besonderheit dieser Zusammenstellung ist schließlich die Aufnahme besonders vieler ausländischer Karikaturen – vor allem aus dem angelsäch-

sischen Kulturraum – weshalb sich *Geschichte in Karikaturen* gerade auch zum Einsatz im bilingualen Geschichtsunterricht anbietet.

Zur Verwendung dieses Bandes

Qualitativ hochwertige Abbildung, Beschreibung, Entstehungszusammenhang, Interpretation und Tendenz der jeweiligen Karikatur sowie Arbeitsanregungen nehmen jeweils eine Doppelseite ein. Dabei wurde auf Übersichtlichkeit großen Wert gelegt, was der Lehrkraft eine schnelle Orientierung ohne lange Vorbereitung erlaubt. Die knappen, pointierten Beschreibungen und Interpretationen können so zwangsläufig nur *ein* Angebot sein und lassen Raum für alternative Deutungsmöglichkeiten.
In einigen Fällen konnten trotz umfangreicher Recherche keine präzisen Angaben zu Datierung und Ort der Erstveröffentlichung der Karikaturen ausfindig gemacht werden, da viele Zeichnungen heute nicht mehr im Original vorliegen bzw. nur extrem schwer auffindbar sind. Wo Erscheinungsdatum und -ort angegeben sind, empfiehlt es sich häufig, diese Angaben bei der Präsentation über OHP/Beamer oder der Darreichung als Kopie (zunächst) zu verdecken bzw. zu schwärzen. Gleiches gilt für eine eventuell vorhandene Bildunterschrift.
Die einzelnen Schritte der Karikatur-Analyse sowie eine Auswahl allgemeiner Aufgabenvorschläge, die so oder ähnlich auf die Mehrzahl der Karikaturen anwendbar sind und die die spezifischen Arbeitsanregungen, die sich jeweils direkt neben den einzelnen Zeichnungen finden, ergänzen, finden sich auf der Methodenseite (S. 9). In der Regel sollte die Karikaturarbeit nach dem traditionellen Dreischritt Beschreibung, Analyse und Interpretation ablaufen. Hierbei ist zu beobachten, dass die Schülerinnen und Schüler dazu tendieren, die erste Phase gegenüber der vermeintlich spannenderen und anspruchsvolleren Interpretation zu vernachlässigen. Auch aus diesem Grund hat es sich vielfach als sinnvoll erwiesen, die zu untersuchende Karikatur auf Folie zu ziehen und zunächst gemeinsam im Plenum zu besprechen. Dies fokussiert die Aufmerksamkeit der Schülerinnen und Schüler; aufschlussreiche Spontanreaktionen und interessante erste Interpretationsansätze regen die gesamte Lerngruppe zum Denken an. Bei dieser Vorgehensweise würde der klassische Dreischritt so um eine Phase erweitert werden:

1. Primärrezeption: Äußern von Eindrücken und Gefühlen.
2. Beschreibung: Verbalisierung dessen, was in der Zeichnung zu sehen ist.
3. Analyse: Erschließen von Thema und Inhalt, Untersuchung der Stilmittel.
4. Interpretation: Zusammenfassende Deutung und Bewertung der Aussage im historischen Kontext.

Ein verbindliches Modell der Karikaturanalyse kann es nicht geben. Letztendlich hängt es von der didaktischen Intention der Lehrkraft ab, welche Fragen man (in welcher Reihenfolge) stellt bzw. welche Impulse man setzt. Dennoch erscheint es wichtig, dass der Lehrer die systematische Karikaturanalyse wenigstens einmal beispielhaft demonstriert, bevor die Lerngruppe die einzelnen Schritte selbständig anhand weiterer Zeichnungen einübt und perfektioniert.

Arbeitsschritte der Karikaturanalyse (Kopiervorlage)

1. Erste Begegnung

Äußern von ersten Eindrücken, Gefühlen und Fragen.

Mögliche Leitfragen:
- Wie wirkt die Zeichnung auf dich?
- Was ist vermutlich das Thema der Karikatur?
- Welche Aussage scheint der Zeichner zu treffen?
- Welche Fragen wirft die Karikatur auf?

2. Beschreibung

In Worte fassen, was in der Zeichnung zu sehen ist. An dieser Stelle sollten auch Unklarheiten bezüglich zeichnerischer Symbole oder abgebildeter Personen thematisiert werden.

Mögliche Aufgaben und Leitfragen:
- Beschreibe die Karikatur möglichst genau – auch kleine Details können wichtig sein!
- Wann und wo ist die Karikatur erschienen?
- Finden sich bestimmte Zeichen oder Symbole, die erklärt werden müssen?

3. Analyse

Erschließen von Thema und Inhalt sowie Untersuchung der verwendeten Stilmittel und Symbole. Dies kann (zunächst) in Einzel- oder Partnerarbeit unter Hinzuziehung ergänzender Quellen (Schulbuch!) erfolgen.

Mögliche Leitfragen:
- Auf welches historische Ereignis scheint der Karikaturist Bezug zu nehmen?
- Was ist nun wirklich das Thema der Karikatur? Lagen wir mit unseren ersten Einschätzungen richtig?
- Welche Aussage trifft der Zeichner?
- Nutzt der Zeichner bestimmte Stilmittel wie perspektivische Verzerrung, Hell-Dunkel-Kontrast, Metaphern, Ironie etc.?
- In welchem Zusammenhang stehen Zeichnung und eine eventuelle Bildunterschrift?

4. Interpretation

Zusammenfassende Deutung der Aussage im historischen Kontext. Hier werden Zeichnung und historischer Kontext in Beziehung gesetzt, wird die bildhafte Aussage auf ihren inhaltlichen Kern zurückgeführt, werden Aussage und Funktion der Karikatur kritisch hinterfragt und gewertet.

Mögliche Leitfragen:
- Wird in der Karikatur eine bestimmte Einstellung, Meinung oder Deutung des Zeichners deutlich?
- Inwiefern stimmt die Aussage der Karikatur mit der historischen Wirklichkeit überein?
- Wie ist die Aussage des Karikaturisten zu bewerten?

Analyseschema (Kopiervorlage)

Titel	
Zeichner	
Erscheinungs-datum/-ort	
Beschreibung	
Historischer Kontext	
Deutung	

Anregungen für Aufgaben

Beschreibung und Interpretation

- Notiere dir Fragen zur vorliegenden Karikatur.
- Beschreibe deinem Sitznachbarn detailgenau die vorliegende Karikatur.
- Recherchiere notwendige Hintergrundinformationen.
- Stelle eine Sammlung von Hintergrundinformationen zusammen, die zur Interpretation notwendig sind.
- Ordne die Karikatur zeitlich ein.
- Spekuliere über den Ort der Veröffentlichung.
- Diskutiere, inwieweit der Karikaturist für eine bestimmte Seite Partei ergreift.
- Ordne den Zeichner politisch ein.
- Fasse die Aussage der Karikatur in ein bis zwei Sätzen zusammen.
- Lege dar, inwieweit du der Aussage der Karikatur zustimmst.
- Gib der Karikatur eine passende Bildunterschrift.
- Verfasse eine schriftliche Interpretation der Karikatur.
- Stelle deinem Sitznachbarn deine Interpretation der vorliegenden Karikatur vor. Diskutiert eventuelle Unklarheiten/Unterschiede in der Interpretation.

Handlungsorientierte Aufgaben

- Hebe in der Karikatur verwendete zeichnerische Symbole durch Pfeile/Einkreisen hervor und erläutere diese.
- Verfasse einen imaginären Brief, in dem der Karikaturist einem Freund die Beweggründe schildert, die ihn zu der Zeichnung animiert haben.
- Verfasse einen imaginären Brief/eine E-Mail des Chefredakteurs, in dem dieser dem Karikaturisten darlegt, warum die Zeichnung (in dieser Form) nicht veröffentlicht wird.
- Verfasse einen Dialog, indem sich ein in der Zeichnung dargestellter Politiker gegenüber dem Chefredakteur über die seiner Ansicht nach unzutreffende/verleumderische Karikatur beschwert.
- Ergänze die vorliegende Karikatur oder zeichne sie um.
- Zeichne (bzw. überlege dir Ideen für) eine Folgekarikatur. Nimm dabei zentrale Bildelemente auf.
- Zeichne (bzw. überlege dir Ideen für) eine Karikatur, die den gleichen Sachverhalt aus einer anderen Perspektive darstellt.
- Zeichne eine Gegenkarikatur.
- Zeichne die Karikatur (vereinfacht oder schematisch) nach und versehe sie mit Kommentaren.
- Lege eine Sammlung aktueller politischer Karikaturen an und stelle sie der Klasse vor.
- Präsentiere eine Karikatur deiner Wahl auf einem Plakat, indem du die Zeichnung mit kurzen Textpassagen, Fotos, Karten, Statistiken etc. erläuterst.

I. Kriegsende – Besatzungszeit – Beginn des Ost-West-Konflikts

1 Zerfall der Anti-Hitler-Koalition

Titel	Ohne Titel
Zeichner	Leslie Gilbert Illingworth
Erscheinungs-datum/-ort	19. Februar 1946, Großbritannien
Beschreibung	Stalin (1879-1953), Truman (1884-1972) und Attlee (1883-1967) sitzen an einem *runden* Tisch und verhandeln. Die Atmosphäre wirkt entspannt, Truman lacht, alle blicken betont freundlich und scheinen in bestem Einvernehmen. Truman und Attlee hocken dabei recht eng beieinander, während Stalin, in Uniform, den beiden westlichen Staatschefs auf der anderen Seite gegenüber sitzt. Im unteren Abschnitt des Bildes, in den Gewölben unter dem Verhandlungszimmer (v.r.n.l.): Westliche Militärs arbeiten im „Next War GHQ (General Headquarters)" an einer Karte. Eine attraktive Frau becirct einen der Offiziere, der sich ihr, eine Rolle Papier mit geheimen Dokumenten in der Hand, zuwendet. Raum 2: Ein Polizist und zwei Agenten verfolgen einen schwarz gekleideten Spion mit Schlapphut, schießen auf ihn. Am Boden liegt eine gefangene Person. Dem Spion gelingt es im Fallen, das Dokument „Atom Secret" an einen Bösewicht in Raum 3 weiterzureichen. Raum 3: Hier sitzen östliche Militärs ebenfalls an einem Kartentisch, auf diesem ist „Next War Plans" zu lesen. Links kauert ein blutrünstig dreinblickender Asiate (Chinese?), der einen Säbel zwischen den Zähnen hält. In allen drei Räumen stehen mehrere Pulverfässer.
Historischer Kontext	• Alliierte Konferenzen über die Nachkriegsordnung, insbesondere Potsdam, sowie die fünf Außenministerkonferenzen bis November 1947. • Abwurf der amerikanischen Atombombe im August 1945. • Beständige Ausweitung der sowjetischen Einflusszone in Osteuropa und Asien. • Februar 1946: Innerhalb weniger Tage werden in westalliierten Staaten 37 sowjetische Spione verhaftet. • März 1947: Truman verkündet in seiner Doktrin die Eindämmung des Kommunismus. • 1949: Die UdSSR zündet ihre erste Atombombe.
Deutung	Während die Staatsmänner in dem schicken, hellen Herrenhaus noch den Schein von Verhandlungen und weitgehender Einigkeit wahren, planen ihre Militärs in dunklen Kellern bereits an einem neuen Krieg um die Vorherrschaft in der Welt. Hier gibt es zwei mögliche Deutungen: Interpretation 1: Mit dem Wissen der Politiker. Interpretation 2: Ohne deren Wissen; sie unterminieren so sämtliche Verhandlungen. Illingworth prophezeit, was tatsächlich bald eintritt: Die Amerikaner verlieren das Monopol auf die Atombombe, 1949 findet der erste erfolgreiche sowjetische Atombombentest statt. *Tendenz:* kommentierende Karikatur. Der Zeichner ist bezüglich der alliierten Zusammenarbeit sehr pessimistisch. Die drei Staatschefs sind für ihn Heuchler, die nur den Schein von Verhandlungen wahren und insgeheim am Dritten Weltkrieg planen lassen. Illingworth sieht gewissenslose Menschen am Werk, insbesondere Militärs und Spione, die jederzeit die „Pulverfässer" zum Explodieren bringen und so die Welt in den Abgrund führen könnten.
Didaktisch-methodische Hinweise, Arbeitsanregungen	• Kopien anfertigen, Karikatur horizontal in der Mitte durchschneiden. Zuerst wird nur der obere, dann nur der untere Teil behandelt, dann werden beide Teile zusammengefügt betrachtet und diskutiert. • Die kaum leserlichen Inschriften – unsortiert – an die Tafel schreiben: Next War Plans/Atom Secret/ Private/Next War/GHQ • Auflistung der Unterschiede zwischen oberem und unterem Bild: Scheinbares Einvernehmen – Kriegspläne; hell – dunkel; zivilisiertes Gespräch – Gewalt • Datum verdecken, Zeitpunkt der Veröffentlichung raten lassen. Weitsichtigkeit des Zeichners thematisieren.

NEXT
WAR
GHQ
ATOM SECRET
PLANS

2 Errichtung der Bizone

Titel	Down Barriers in Germany (Nieder mit den Grenzen in Deutschland)
Zeichner	David Low
Erscheinungs-datum/-ort	1. August 1946/Evening Standard, Großbritannien
Beschreibung	Die Karikatur zeigt einen Stacheldrahtzahn, der die „britische Zone", die „amerikanische Zone" und die „sowjetische Zone" voneinander trennt bzw. trennte: Denn im Bildvordergrund machen sich zwei junge Soldaten daran, den Zaun zwischen der „britischen Zone" und der „amerikanischen Zone" abzubauen. Diese Aktion wird von einer Gruppe von frierenden, gebeugt stehenden und elend wirkenden Menschen im linken Bildhintergrund sowie von einem Rotarmisten rechts im Bild beobachtet. Der sowjetische Soldat kommentiert die Szene „Hmm... das sieht sehr nach Kooperation aus ... höchst verdächtig."
Historischer Kontext	• 28.2.1946: Herabsetzung der Lebensmittelrationen für Normalverbraucher in der britischen Zone auf 1014 Tageskalorien. In Deutschland herrschten Not und Elend, die Wirtschaft liegt am Boden. • 29.7.1946: Britische Zustimmung zum amerikanischen Vorschlag der Bildung eines vereinigten Wirtschaftsgebietes („Bizone", verwirklicht zum 1.1.1947). Kernpunkt des Konzeptes ist es, Deutschland die Möglichkeit zu geben, sich am eigenen Schopf aus der wirtschaftlichen Misere zu ziehen. Dies verlangt nach Ansicht der USA und Großbritanniens neben dem Ausbau des interzonalen Handels auch eine (weitere) Anhebung des Produktionsniveaus sowie eine verstärkte Übergabe von politischer Verantwortung an Deutsche. • Haltung der UdSSR: Die Sowjetunion konnte bei einer wirtschaftlichen und politischen Vereinigung der Besatzungszonen nur verlieren und betrachtete die Bizone deshalb kritisch. Stalin beharrte weiterhin auf erheblichen Reparationszahlungen, die u. a. durch massive Demontagen abgegolten wurden. Das kommunistische SED-Regime wäre zudem von freien Wahlen in Gesamtdeutschland hinweggefegt worden. • Frühjahr 1948: Die „Londoner Sechsmächtekonferenz" (USA, GB, Frankreich, Benelux-Staaten) ebnete der Gründung eines westdeutschen Separatstaates den Weg. Als Folge der Entscheidung zieht die UdSSR am 20.3. ihren Vertreter aus dem Alliierten Kontrollrat ab
Deutung	Die Positionen der Westmächte auf der einen und der Sowjets auf der anderen Seite waren nur wenige Monate nach Ende des Zweiten Weltkrieges schon so festgefahren, dass es kaum noch zu einer Einigung in der Deutschlandfrage kommen konnte. Um die enormen Besatzungskosten zu reduzieren und die wirtschaftliche Misere in Deutschland zu beenden, hatten die Amerikaner seit längerem eine Aufhebung der Zonengrenzen gefordert. Im Juli 1946 gelang es ihnen dann, Großbritannien von der Notwendigkeit einer Zusammenlegung der Besatzungsgebiete zu überzeugen; die Bizone entstand. Dieser schloss sich später noch Frankreich an („Trizone"). Die Sowjetunion sah diese Entwicklung, die schließlich in der Gründung der Bundesrepublik auf dem Boden der drei westlichen Besatzungszonen mündete, von Anfang an äußerst kritisch, auch wenn die Fassade von Viermächteverwaltung und Verhandlungsbereitschaft zunächst weiter aufrechterhalten blieb. *Tendenz:* eher deskriptive Karikatur; auffällig ist Lows Mitgefühl für die Deutschen.
Didaktisch-methodische Hinweise, Arbeitsanregungen	• Untersuchung der Deutschlandpolitik der vier Alliierten • Tafelbild: Erstellen eines Zeitstrahls zur Deutschlandpolitik • Formulieren von Sprech- und Gedankenblasen für die weiteren abgebildeten Personen (diese eventuell direkt in die Karikatur integrieren) • Stationenlernen: Einsatz der Karikaturen 1-7

"HM... LOOKS VERY LIKE CO-OPERATION TO ME.
....MOST SUSPICIOUS."
BRITISH ZONE
U.S.A. ZONE
DOWN BARRIERS IN GERMANY

3 Teilung Deutschlands

Titel	Nobody is happy (Niemand ist glücklich)
Zeichner	Burt R. Thomas
Erscheinungs-datum/-ort	1949/The Detroit News, USA
Beschreibung	Links gehen John Bull (Personifikation Großbritanniens), der große Uncle Sam (Personifikation der USA) und ein kleiner Franzose aus dem Bild. Sie ziehen dabei die vordere Hälfte eines deutschen Dackels hinter sich her. Während Uncle Sam den Hund an der Leine hält, bemerkt John Bull missmutig: „Wir haben das Ende, das isst" und der Franzose ergänzt „und beißt". Rechts im Bild (im Osten) hält Stalin schlecht gelaunt das hintere Ende des Hundes in der Hand.
Historischer Kontext	• Entzweiung der Alliierten über die Zukunft Deutschlands • Teilung Deutschlands, Gründung zweier deutscher Staaten 1949 • Versorgungsprobleme in Deutschland: 1946 Herabsetzung der Lebensmittelrationen für Normalverbraucher in der britischen Zone auf 1014 Tageskalorien. In Deutschland herrschten Not und Elend, die Wirtschaft liegt am Boden.
Deutung	Die Entzweiung der Alliierten und der Zerfall Deutschlands in einen westorientierten und einen kommunistischen Teil wird durch die Teilung des „typisch deutschen" Dackels verdeutlicht. Die Proportionen der drei Westalliierten symbolisieren dabei ihre jeweilige Macht und Bedeutung: Es ist der große Uncle Sam, der den Ton angibt, sich um den Dackel kümmert (ihn zieht) und Westdeutschlands Überleben sichert. Großbritannien und Frankreich sind lediglich Juniorpartner der USA, nur Stalin und die UdSSR nehmen es an Größe und Macht mit Amerika auf. Auch wenn keiner der vier Alliierten über die Teilung Deutschlands (des „Dackels") „glücklich ist": Immerhin kann sich der vordere Teil des Dackels noch fortbewegen. Dagegen erscheint das hintere Teil des Dackels (Ostdeutschland) leblos: Der Sowjetunion wurde der Zugriff auf die wichtige Ruhrindustrie verweigert. Wie der Kommentar John Bulls zeigt, hatten insbesondere die Briten große Probleme, die Bevölkerung in ihrer Zone zu ernähren. In Frankreich dominiert derweil weiter die Angst vor einem wieder erstarkten Deutschland (der Teil, der „beißt"). *Tendenz:* eher deskriptive Karikatur.
Didaktisch-methodische Hinweise, Arbeitsanregungen	• Formulieren von Sprech- und Gedankenblasen für die weiteren abgebildeten Personen (diese eventuell direkt in die Karikatur integrieren) • Arbeit mit den klassischen Nationalcharakteren und -symbolen • Diskussion: Wer trägt die Schuld an der Teilung Deutschlands? • Kartenarbeit: Besatzungszonen, Europakarte (Einzeichnen des „Eisernen Vorhangs")

Nobody is Happy

4 Berlinkrise und Luftbrücke

Titel	No Pushover (Kein Schwächling/kein Kinderspiel)
Zeichner	Fred O. Seibel
Erscheinungs-datum/-ort	1949 (?)/Richmond Times-Dispatch, USA
Beschreibung	Auf einem Hügel, der durch ein Ortsschild als Berlin ausgewiesen ist, kommt es zu einer Auseinandersetzung zwischen zwei gigantischen, grimmig dreinschauenden Tieren: einem Adler (USA) und einem Bären (Sowjetunion). Während der Bär versucht, den Adler wegzuschieben, bleibt dieser aufrecht und mit erhobener Brust stehen. Im linken unteren Bildrand beobachtet ein bebrillter Rabe die Szene.
Historischer Kontext	• Frühjahr 1948: Nach jahrelangen interalliierten Streitigkeiten über die Zukunft Deutschlands sowie zahlreichen weltweiten amerikanisch-sowjetischen Konfrontationen ist das Tischtuch zwischen den ehemaligen Verbündeten endgültig zerschnitten. Die „Londoner Sechsmächtekonferenz" (USA, GB, Frankreich, Benelux-Staaten) ebnet der Gründung eines westdeutschen Separatstaates den Weg. Als Folge der Entscheidung zieht die UdSSR am 20.3. ihren Vertreter aus dem Alliierten Kontrollrat ab. Bald darauf sperrt die Sowjetunion alle Zufahrtswege nach West-Berlin ab und versucht die Westalliierten auf diese Art zu neuen Verhandlungen und Zugeständnissen zu erpressen; die Berliner hungern. • Amerikaner und Briten richten eine Luftbrücke ein und versorgen West-Berlin aus der Luft. • 1949: die sowjetische Blockade wird abgebrochen, der Westen hat einen symbolischen Sieg errungen.
Deutung	Die Aggression geht eindeutig vom riesigen russischen Bären (klassisches Nationalsymbol) aus: dieser versucht, den „American eagle" umzuschubsen („pushover"), aber der ihm ebenbürtige Adler bleibt standhaft (Erfolg der Luftbrücke). Möglicherweise soll der „Hügel" die Erdkugel sein; dies würde dann die globale Dimension des Berlinkonflikts symbolisieren. Der kleine Rabe schließlich ist ein Tribut an Wilhelm Busch, den „Erfinder" des Comics, der den bebrillten Raben erfunden hat (vgl. auch Karikatur 40). *Tendenz:* kommentierende Karikatur, Seibel verpasst dem russischen Bären einen bösen Blick, während der streng dreinschauende, aufrecht stehende und unerschütterliche amerikanische Adler die Kraft und das Durchhaltevermögen der USA (und des Westens) symbolisiert.
Didaktisch-methodische Hinweise, Arbeitsanregungen	• Formulieren von Sprech- und Gedankenblasen für die abgebildeten Nationalcharaktere (diese eventuell direkt in eine Kopie der Karikatur hineinzeichnen) • Diskussion der Übersetzungsproblematik (Kein Schwächling / kein Kinderspiel") • Kreatives Schreiben: Verfassen eines Briefes eines amerikanischen Fliegers, indem er seiner Frau erklärt, warum er nun Lebensmittel anstatt Bomben nach Berlin fliegt

No Pushover

5 Spaltung der Welt

Titel	One world or two worlds? (Eine Welt oder zwei Welten?)
Zeichner	Daniel Fitzpatrick
Erscheinungs-datum/-ort	12. März 1946/St. Louis-Post Dispatch, USA
Beschreibung	Fitzpatrick hat mit wenigen Strichen einen riesigen Globus gezeichnet, der in der Mitte auseinander gebrochen oder gesprengt ist. Die in zwei Teile gespaltene Weltkugel ist zudem von züngelnden Flammen bzw. dichtem schwarzen Rauch umgeben. Lediglich an der unteren Seite scheinen die zwei Hälften der Erde noch verbunden zu sein. Durch den starken Einsatz von dunklen Farben und dem vielen Rauch wirkt die Karikatur düster und verstörend.
Historischer Kontext	• August 1945: Abwurf zweier Atombomben auf Hiroshima und Nagasaki am 6. und 9. August 1945 durch amerikanische Bomber. Rund hunderttausend Menschen sterben sofort, Hunderttausende sterben später an den langfristigen Folgen der Verbrennung und Verstrahlung. • 1946: Kommunistische Umsturzversuche und Errichtung von kommunistischen Diktaturen in Osteuropa, alliierter Streit um die Zukunft Deutschlands, sich abzeichnende Spaltung der Welt in zwei Blöcke.
Deutung	Fitzpatrick spielt mit seiner Karikatur auf zwei zentrale Ereignisse bzw. Entwicklungen an. Da ist zum Einen die sich zuspitzender Auseinandersetzung zwischen den westlichen Alliierten und der Sowjetunion: Die eben noch im Kampf gegen Hitler verbündeten Staaten sind sich in wesentlichen Punkte wie zum Beispiel dem Umgang mit dem besetzten Deutschland und dem befreiten Osteuropa nicht einig („Spaltung der Welt" im übertragenen Sinne). Zum Anderen verweist die Karikatur auf die Möglichkeit eines nuklearen Holocausts, der nach den Atombombenabwürfen auf Hiroshima und Nagasaki eine sehr reale Gefahr für die Menschheit darstellt („Spaltung der Welt" im Sinne einer atomaren Zerstörung der Erde). *Tendenz:* kommentierende Karikatur, die eindringlich vor einem neuen, mit Nuklearwaffen geführten Krieg warnt, der die Welt in den Abgrund reißen und die Erde buchstäblich zur Explosion bringen könnte. Die Karikatur ist als Appell zu verstehen, dies zu verhindern.
Didaktisch-methodische Hinweise, Arbeitsanregungen	• Erstellen eines Tafelbildes: Gegenüberstellung der Politik des Westens und des Ostens seit 1945 in einer Tabelle (eventuell um eine mittlere Spalte zur Atombombe ergänzen) • Gegenwartsbezug: Anlegen einer Tabelle zum aktuellen „Nord-Süd-Konflikt"; Diskussion von Parallelen • Vergleich mit Karikatur 6 (kontrastive Parallelkarikatur)

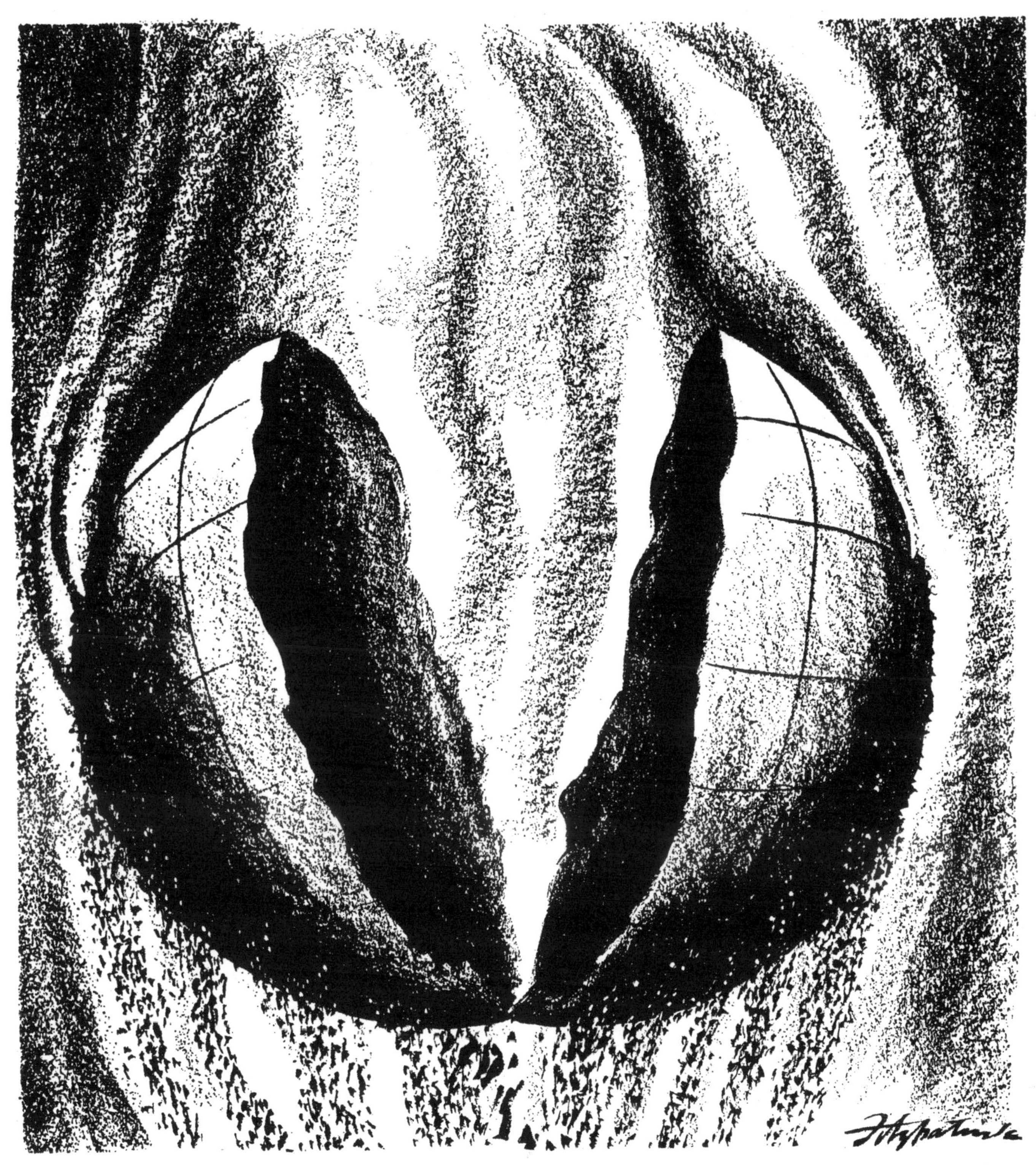

ONE WORLD OR TWO WORLDS?

MARCH 12, 1946

6 Überwindung der Spaltung der Welt?

Titel	The meeting will now come to order (Die Sitzung ist eröffnet)
Zeichner	Daniel Fitzpatrick
Erscheinungs-datum/-ort	7. April 1949/St. Louis-Post Dispatch, USA
Beschreibung	Wie schon in der Karikatur 5 stellt Fitzpatrick hier erneut eine in zwei Teile gespaltene Weltkugel in den Mittelpunkt. Diesmal ist der Globus jedoch nicht zerbrochen, sondern sauber geteilt. Außerdem werden die beiden Hälften durch ein Gebäude riesigen Ausmaßes verbunden, auf dem eine Fahne mit der Aufschrift „Vereinte Nationen“ gehisst ist. Im Vergleich mit der Karikatur 5 wirkt die Zeichnung heller und freundlicher, trotz der dunklen Wolken am Himmel.
Historischer Kontext	• Konflikte im Alliierten Kontrollrat, Uneinigkeit bezüglich der Deutschlandpolitik, Putsch in der Tschechoslowakei, Berlin-Krise und Luftbrücke • 1945: Gründung der UNO. Am 26. Juni 1945 unterzeichneten 50 Staaten in San Francisco die Charta der Vereinten Nationen. Die Organisation soll als Nachfolgerin des Völkerbundes den Frieden in der Welt sichern. • Truman-Doktrin: Eindämmung des kommunistischen Einflusses (u. a. durch weitgehende Hilfeleistungen für Griechenland und die Türkei; Marshallplan)
Deutung	Fitzpatrick gibt mit der Karikatur seiner Hoffnung Ausdruck, dass die in zwei Teile zerfallene Welt (Bipolarität) durch die Gründung der UNO wieder zusammenwächst. Vielleicht können die Spannungen zwischen der freien Welt und der Sowjetunion ja auf friedlichem Wege durch den Sicherheitsrat oder die UNO-Vollversammlung gelöst werden? Für Fitzpatrick ist die Gründung der UNO *der* Weg, das Schreckgespenst eines mit Nuklearwaffen geführten Krieges zwischen den beiden Supermächten (Karikatur 5) zu vermeiden. *Tendenz:* kommentierende Karikatur, Fitzpatrick fordert Ost und West zu einer Überwindung der Konfrontation auf und setzt sich für eine Weltregierung ein.
Didaktisch-methodische Hinweise, Arbeitsanregungen	• Kartenarbeit: Einzeichnen der Gründungsstaaten der UNO • Vergleich mit Karikatur 5 (kontrastive Parallelkarikatur) • Recherche zur Geschichte der UNO, Untersuchung der heutigen Rolle der UNO (Gegenwartsbezug) • Internetrecherche zur UNO unter http://www.un.org/

THE MEETING WILL NOW COME TO ORDER

APRIL 7, 1949

II. Kalter Krieg und die Gründung zweier deutscher Staaten

7 Bundesrepublik Deutschland und Deutsche Demokratische Republik

Titel	1945 – 1955
Zeichner	Felix Mussil
Erscheinungs-datum/-ort	7. Mai 1955/Hannoversche Allgemeine Zeitung, Bundesrepublik Deutschland
Beschreibung	Die Karikatur besteht aus zwei Einzelbildern. Das obere Bild zeigt links Uncle Sam, John Bull und Marianne (mit phrygischer Mütze, Symbol der Französischen Revolution) als Personifikationen der USA, Großbritanniens und Frankreichs. Sie tragen gemeinsam eine große Säge weg. Rechts (im Osten) läuft ein russischer Soldat aus dem Bild; er trägt eine Axt. In der Mitte des Bildes liegt gefällt die riesige „deutsche Eiche". Das untere Bild stellt die Situation zehn Jahre später, im Jahr 1955, dar. Inzwischen ist der gefällte Stamm verschwunden. Aus dem Baumstumpf sprießen jetzt zwei kleine Triebe. Die vier Nationalcharaktere, die das Bild oben verlassen haben, kehren nun mit Gießkannen in den Händen zurück.
Historischer Kontext	• 8. Mai 1945: Deutschland unterzeichnet das Waffenstillstandsabkommen, der Zweite Weltkrieg ist (in Europa) beendet. In der Folge wird Deutschland von den vier alliierten Mächten besetzt und in vier Zonen geteilt. Noch ist die Zukunft des total zerstörten Landes ungewiss. • 1949: Gründung der beiden deutschen Staaten: Bundesrepublik Deutschland (Mai), Deutsche Demokratische Republik (Oktober). • Marshallplan: Westdeutschland erhält wirtschaftliche Hilfe aus den USA. • 1955: Der Deutschlandvertrag schafft die Alliierte Hohe Kommission ab (Ende des Besatzungsregimes in der Bundesrepublik Deutschland).
Deutung	1945 lag das Deutsche Reich am Boden, war zerstört und besetzt durch die vier Siegermächte USA, Sowjetunion, Großbritannien und Frankreich. In den nächsten vier Jahren sollte es in Deutschland keine Zentralregierung geben, die vier Mächte verfolgten in ihren Besatzungszonen jeweils eine unterschiedliche Politik. Bald zeichneten sich schwerwiegende politische und ideologische Konflikte zwischen den Alliierten ab, vor allem zwischen der Sowjetunion einerseits und den drei Westmächten andererseits. Während die Westmächte zunehmend eine gemeinsame Politik verfolgten, ihre Besatzungszonen fusionierten und die Etablierung eines demokratischen Rechtsstaates förderten, errichtete die Sowjetunion in Ostdeutschland eine kommunistische Diktatur. Im Jahr 1949 wurde dann die Teilung Deutschlands in zwei Teile durch die Gründung von BRD und DDR mit Zustimmung der jeweiligen Verbündeten (vgl. die Gießkannen) zementiert. Auch zehn Jahre nach Ende des Krieges lag eine Wiedervereinigung in weiter Ferne, denn in einem Punkt scheinen sich die inzwischen zerstrittenen Mächte einig: Der Status quo wird nicht angetastet, jeder gießt „seinen" Eichentrieb. (Die Gießkannen stehen dabei nicht für wirtschaftliche, sondern für politische Unterstützung.) Die Karikatur lässt vermuten, dass alle Beteiligten mit der Zweiteilung Deutschlands und der daraus folgenden wirtschaftlich-politischen Schwächung (vgl. die zarten Pflänzchen an Stelle der massiven Eiche) ganz zufrieden waren. *Tendenz:* deskriptive Karikatur.
Didaktisch-methodische Hinweise, Arbeitsanregungen	• Bevor der untere Teil der Zeichnung aufgedeckt wird, sollten die Schüler über unterschiedliche Darstellungsmöglichkeiten einer Folgekarikatur spekulieren (eventuell diese auch zeichnen) und dann mit dem Original vergleichen • Formulieren von Sprech- und Gedankenblasen für die abgebildeten Personen • Karikaturen zeichnen: Wie könnte man eine ähnliche Karikatur für die Jahre 1988, 1989 und/oder 1990 zeichnen?

1945 - 1955

1945

1955

8 Das deutsche „Wirtschaftswunder" und die Soziale Marktwirtschaft

Titel	Das deutsche Wirtschaftswunder
Zeichner	H. Degkwitz
Erscheinungs-datum/-ort	Anfang der 1950er Jahre?/?
Beschreibung	Im Zentrum der Karikatur ist ein äußerst beleibter Mann zu sehen, auf seinem Pullover ist der Name „Ehrhard" (richtig: Erhard) zu lesen. Der Mann dreht ein Blatt Papier, das mit „RM" beschriftet ist, durch einen riesigen Fleischwolf und ist im Begriff, einen Beutel „Trümmer" hinterherzuschütten. Der Fleischwolf, der mit „Soziale Marktwirtschaft" beschriftet ist, spuckt folgende Dinge aus: einen Kohlenförderturm, ein Mehrfamilienhaus, ein Schiff, einen Stuhl, ein Radio.
Historischer Kontext	• Mai 1945: Ende des Zweiten Weltkriegs, Deutschland liegt in Trümmern und ist besetzt, Menschen (ver) hungern und (er)frieren. • Juni 1948: Währungsreform (Umstellung von Reichs- auf D-Mark). • Ludwig Erhards Karriere nach dem Krieg: Professor für Wirtschaft (1948/49), Direktor der Verwaltung für Wirtschaft in der Bizone (1949), führt als Wirtschaftsminister die Soziale Marktwirtschaft ein, 1963-1966 Bundeskanzler. • „Wirtschaftswunder": Anfang der 1950er beginnt sich das deutsche „Wirtschaftswunder" abzuzeichnen: Die Arbeitslosigkeit sinkt stark, Produktion und Export steigen stark an, schon bald herrscht Arbeitskräftemangel. Ganz langsam breitet sich Wohlstand in Deutschland aus, der oft mit dem Namen Erhards verbunden wird.
Deutung	Der wohlbeleibte Mann soll Ludwig Erhard sein, auch wenn er wenig Ähnlichkeit mit dem Wirtschaftsminister hat. Dabei verdeutlicht die Karikatur, wie es Erhard durch die Währungsreform und die Einführung der Sozialen Marktwirtschaft gelungen ist, die deutsche Wirtschaft innerhalb kürzester Zeit aus der Katastrophe des Zweiten Weltkrieges erneut an die Spitze der wirtschaftsstärksten Staaten der Welt zu führen: Bereits Anfang 1950 entstanden in großer Zahl Arbeitsplätze, vor allem in der Industrie; Wohnraum war weniger knapp als direkt nach dem Krieg; der deutsche Export zog stark an, und auch die Bevölkerung, die in den ersten Nachkriegsjahren um das pure Überleben kämpfte, konnte sich bald beliebte Konsumgüter wie Möbel oder Radios leisten. *Tendenz:* eher deskriptive Karikatur, die Erhards zentrale Rolle für den wirtschaftlichen Wiederaufstieg Deutschlands betont.
Didaktisch-methodische Hinweise, Arbeitsanregungen	• Fächerübergreifendes Arbeiten mit dem Fach Politik/Wirtschaft zu den wichtigsten Wirtschaftstheorien, Auseinandersetzung mit der Sozialen Marktwirtschaft • Arbeit mit Statistiken zur deutschen Wirtschaftsgeschichte • Karikaturen zeichnen bzw. Ideen hierfür sammeln (Gegenwartsbezug): Wie könnte eine (ähnliche) Karikatur aussehen, die den heutigen Zustand der deutschen Wirtschaft abbildet?

Das deutsche Wirtschaftswunder

9 Kommunistische Aggression oder US-Imperialismus? – Korea und Vietnam (I)

Titel	Another Hole in the Dike (Ein weiteres Loch im Deich)
Zeichner	Fred O. Seibel
Erscheinungs-datum/-ort	1950/Richmond Times-Dispatch, USA
Beschreibung	Uncle Sam (die USA) ist damit beschäftigt, das Loch „Korea“ in einem riesigen Deich zu stopfen. Mühselig dichtet Uncle Sam, der bereits fast bis an die Knie im Wasser steht, das Loch mithilfe eines Holzkeils und Schlägen mit dem wuchtigen Hammer „Friedensanstrengungen“ ab. Er bemerkt dann aber mit Erschrecken, dass der Deich noch an einer anderen Stelle leckt: Durch das Loch „Indochina“ strömen große Wassermassen. Wie hoch das Wasser hinter dem Damm schon steht, wird durch die überschwappende Welle oben im Bild deutlich.
Historischer Kontext	• Koreakrieg: Nach der Teilung Koreas 1945 entlang des 38. Breitengrades versucht der kommunistische Norden am 25.6.1950 die Wiedervereinigung mit einem Angriff auf Südkorea gewaltsam herbeizuführen. Daraufhin beschließt der UNO-Sicherheitsrat auf Drängen der USA und bei Nichtanwesenheit der UdSSR, UNO-Truppen unter amerikanischer Führung nach Korea zu senden. • Am 27. Juli 1953 kommt es zu einem Waffenstillstand; Korea bleibt (bis heute) entlang des 38. Breitengrades geteilt. Die Amerikaner widerstehen dem Versuch, den Krieg durch Einsatz der Atombombe zu entscheiden. • Indochina: Zeitgleich erfolgt der Vormarsch kommunistischer nordvietnamesischer Truppen gegen das von den USA gestützte französische Indochina. 1954 zieht sich Frankreich aus Indochina zurück. Kambodscha und Laos werden ebenso unabhängig wie Vietnam, das jedoch in einen Nord- und einen Südstaat geteilt wird.
Deutung	Die USA haben den kommunistischen Vorstoß Chinas, Nordkoreas und der Sowjetunion mithilfe von amerikanischen UNO-Truppen zurückgeworfen, das „Leck“ ist somit notdürftig geflickt. Aber in Vietnam werden die Franzosen immer mehr von Ho Chi Minh bedrängt; Wasser fließt aus einem neuen Loch von Ost nach West. Die „kommunistische Flut“ nimmt inzwischen bedrohliche Ausmaße an. Seibel sieht den Deich (Anspielung auf den Eisernen Vorhang?) kurz vor dem Zerbrechen: die Fluten schwappen bereits über, Uncle Sam steht das Wasser schon über den Knöcheln. Der „kommunistischen Aggression“ stellt Seibel die „Friedensanstrengungen“ Amerikas gegenüber. *Tendenz:* kommentierende Karikatur, pessimistisch, pro-amerikanisch: Der Kommunismus wird als bedrohliche Flut dargestellt, die ein beängstigendes Ausmaß erreicht hat und den westlichen „Schutzwall“ zu sprengen droht. Seibel plädiert mit seiner Zeichnung für noch größere Anstrengungen der USA, die ein Umsichgreifen des Kommunismus verhindern soll. Dies wirft die Frage massiver militärischer Intervention auf, die in der Karikatur aber nicht thematisiert wird.
Didaktisch-methodische Hinweise, Arbeitsanregungen	• Diskussion der zeitgenössischen Warnung vor der „Roten Gefahr“ – berechtigt oder unberechtigt? • Vergleich mit der nachfolgenden Karikatur 10. • Problematisierung von Karikaturen als „gezeichnete Kommentare“

Another Hole in the Dike

Fred Q. Seibel. Richmond Times-Dispatch.

10 Kommunistische Aggression oder US-Imperialismus? – Korea und Vietnam (II)

Titel	Welteroberer schnappen immer über
Zeichner	Erich Schmitt
Erscheinungs-datum/-ort	30. Juni 1950/DDR
Beschreibung	Sechs Militärs mit amerikanischen GI-Mützen stehen vor einer riesigen Wandkarte Ostasiens. Die Gebiete Japans, Südkoreas, Formosas (Taiwans), kleinere Teile Vietnams und die Philippinen sind schwarz schraffiert. Auf diese Gebiete zeigen große schwarze Pfeile. Der Großteil Vietnams sowie Siam (Thailand), Indien und China sind dagegen weiß. Auf einem Tisch vor der Karte befinden sich kleine Schlachtschiffe sowie eine Ausgabe von Hitlers „Mein Kampf". Der erste Militär von rechts trägt ein Hitlerbärtchen. Der dritte von rechts trägt die Buchstaben „US" am Revers. Er sagt: „Das ist ja ganz schön. Aber da wir gerade beim Verteidigen sind, sollten wir uns auch gleich gegen Afrika und die Antarktis verteidigen."
Historischer Kontext	• US-Truppen sind seit 1898 (Spanisch-Amerikanischer Krieg) auf den Philippinen, seit 1945 in Japan und seit 1949/50 auf Formosa (Taiwan) und Südkorea stationiert. Die USA unterstützen zudem seit 1946 die Franzosen in Südvietnam militärisch (vgl. Karikatur 11). • Koreakrieg: Nach der Teilung Koreas 1945 entlang des 38. Breitengrades versucht der kommunistische Norden am 25.6.1950 die Wiedervereinigung mit einem Angriff auf Südkorea gewaltsam herbeizuführen. Daraufhin beschließt der UNO-Sicherheitsrat auf Drängen der USA und bei Nichtanwesenheit der UdSSR, UNO-Truppen unter amerikanischer Führung nach Korea zu senden.
Deutung	Die USA werden, z. T. durch Ironie (Kommentar), z. T. sehr harsch (Mein Kampf), als den Nazis ebenbürtige Kriegstreiber dargestellt, die mit den schwarz gefärbten Ländern bereits einen Großteil Asiens kontrollieren und ihre Blicke nun auf neue Ziele richten. Die US-Militärs sprechen zwar von „Verteidigung", nach Ansicht Schmitts geht es ihnen in Wahrheit jedoch um Eroberung („... sollten wir uns auch gleich gegen Afrika und die Antarktis verteidigen"). *Tendenz:* agitatorisch-propagandistische Karikatur. Schmitt kritisiert die Amerikaner, die in der offiziellen kommunistischen Propaganda häufig als „imperialistische Brandstifter" und „Kriegstreiber" bezeichnet wurden, auf recht humorvolle Art und Weise.
Didaktisch-methodische Hinweise, Arbeitsanregungen	• Recherche zum Koreakrieg • Präsentation der Karikatur ohne Quellenangabe, Spekulieren über Perspektive und Standort Schmitts • Arbeit mit kontrastiven Parallelkarikaturen: Kontrastierung mit der vorherigen Karikatur 10.

Welteroberer schnappen immer über

„Das ist ja ganz schön. Aber da wir gerade beim Verteidigen sind, sollten wir uns auch gleich gegen Afrika und die Antarktis verteidigen."

11 Der Dreißigjährige Krieg – Geschichte des Vietnamkonflikts:

Titel	Es gibt kein Happy-End
Zeichner	Mogens Juhl
Erscheinungs-datum/-ort	1965/Dänemark
Beschreibung	Die Karikatur ist in sechs Einzelbilder unterteilt. Bild 1 (1939) zeigt einen Asiaten, vermutlich einen Bauern, der glücklich eine Schüssel Reis isst. 1940 (Bild 2) vertreibt ein japanischer Soldat einen französischen Kolonialsoldaten. Letzterer kehrt 1945 zurück (Bild 3): nun läuft der Japaner mit erhobenen Händen davon. Bild 4 (1954) zeigt, wie sich der französische Soldat erneut ergibt, diesmal jedoch einem vietnamesischen Soldaten. Unterdessen versucht sich der im Schneidersitz hockende Asiat immer verzweifelter aber letztendlich vergeblich vor den anhaltenden Kampfhandlungen zu schützen. Im fünften Bild (1959) stehen sich dann der (süd)vietnamesische Soldat und ein kommunistischer „Vietcong" schwer bewaffnet gegenüber. Der Bauer am Boden ist „nur noch ein Häuflein Elend". Im letzten Bild tritt schließlich ein US-Soldat auf, der dem Vietcong einen Zettel mit der Aufschrift „Pax" (Frieden) entgegenhält. Über den beiden Soldaten kreisen eine (russische) „Mig" und ein amerikanischer Kampfflieger. In der Bildmitte ist ein Grabhügel mit Kreuz zu erkennen.
Historischer Kontext	• Vorgeschichte: Das französische Kolonialreich „Indochina" (Vietnam, Laos und Kambodscha) bestand seit der zweiten Hälfte des 19. Jahrhunderts. Japan hielt Vietnam im Zweiten Weltkrieg von 1940 bis 1945 besetzt. • Vietnamkrieg: Nach der japanischen Kapitulation kehrten die Franzosen zurück und versuchten, Vietnam erneut unter ihre Herrschaft zu bringen (Französischer Vietnamkrieg). Infolge der vernichtenden Niederlage von Dien Bien Phu 1954 gegen die vietnamesischen Freiheitskämpfer musste sich Frankreich jedoch zurückziehen. Nach dem Abzug der Franzosen kam es zu einem Bürgerkrieg zwischen dem von den USA unterstützten Süden und dem kommunistischen Norden, in den die Amerikaner ab 1965 auch direkt eingriffen. • Folgen: Trotz zeitweise 500 000 stationierter Soldaten gelang es den USA nicht, den Krieg gegen den kommunistischen Norden zu gewinnen. Erst 1973 kam es zu einem Waffenstillstand, bald darauf wurde ganz Vietnam kommunistisch. Die Jahrzehnte des Krieges hatten das Leben von wohl mehr als drei Millionen Vietnamesen und knapp 60 000 amerikanischen Soldaten gekostet sowie die USA in eine tiefe moralische Krise gestürzt.
Deutung	Juhl zeichnet in seiner Karikatur in sechs Bildern die tragische Geschichte Vietnams von 1939 bis 1965 nach (vgl. historischer Kontext). *Tendenz:* eher deskriptive Karikatur; Juhl ergreift weder für die südvietnamesische Seite – und deren amerikanische Verbündete – noch für den kommunistischen Norden Partei. Seine Sympathie und sein Mitgefühl gelten der unschuldig leidenden Zivilbevölkerung, auch wenn die französische Kolonialherrschaft vor 1940 (Bild 1) etwas idealisiert wird.
Didaktisch-methodische Hinweise, Arbeitsanregungen	• Es empfiehlt sich – wie bei anderen „Bildgeschichten" – die Karikatur erst nach und nach aufzudecken und jedes Bild einzeln zu beschreiben bzw. zu interpretieren • Recherche zur weiteren Entwicklung des Vietnamkrieges • Karikaturen zeichnen; mögliche Themen: Bombenkrieg, My-Lai-Massaker, Studentenproteste in den USA, Guerillakrieg, Agent Orange, Waffenstillstandsabkommen, Abzug der USA; Nachzeichnen berühmter Fotografien

TAGEBUCHBLÄTTER AUS VIETNAM

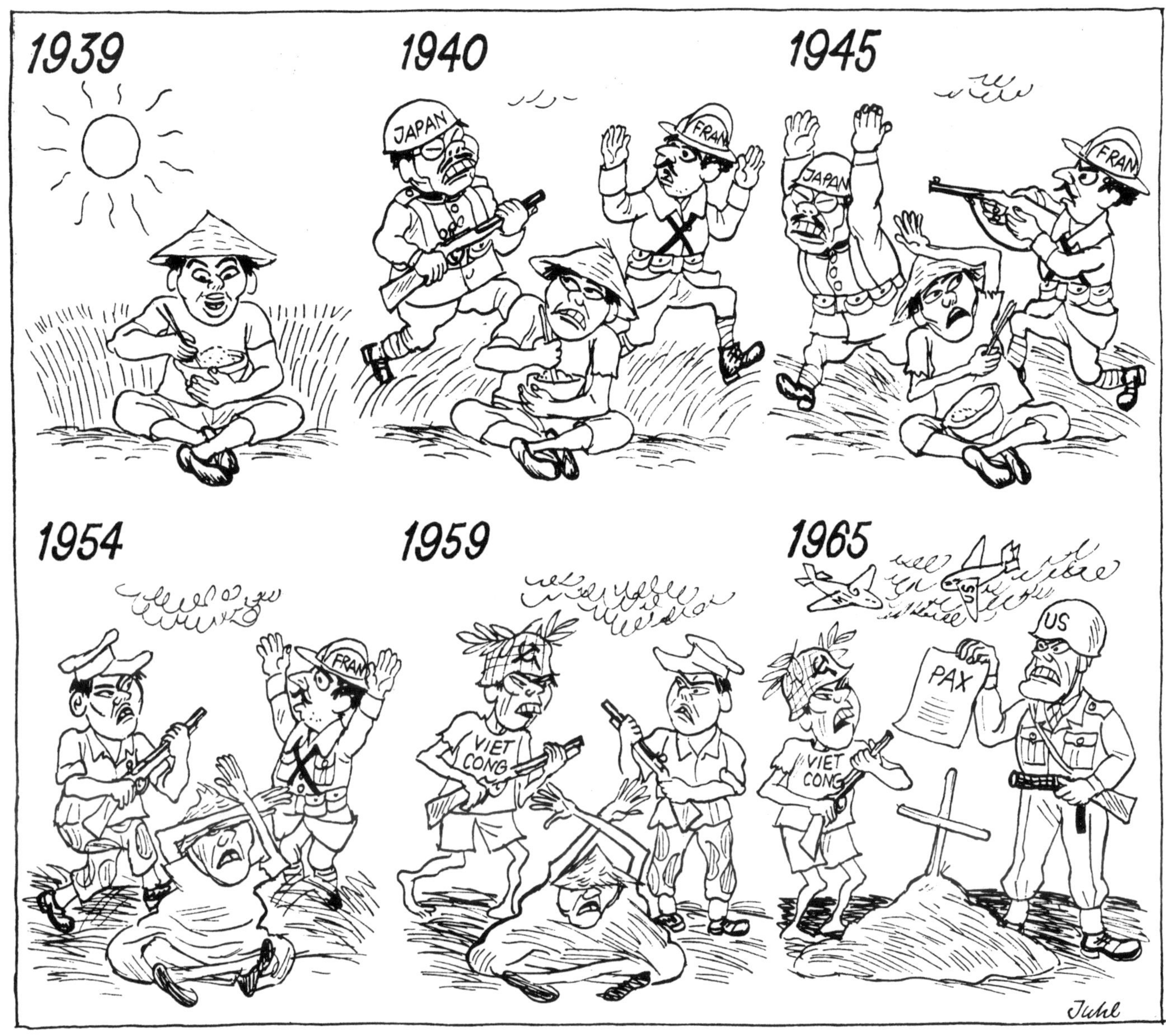

– Es gibt kein Happy-End.

12 Friedlicher Aufbau des Kommunismus? Selbst- und Fremdbild der Sowjetunion (I)

Titel	Wollen wir nicht lieber mit diesen Figuren unser Können beweisen, Mister Eisenhower?
Zeichner	Alfred Beier-Red
Erscheinungs-datum/-ort	Ca. 1959/DDR
Beschreibung	Im Zentrum der Karikatur steht ein Schachbrett, die Spieler sind Nikita Chruschtschow und Dwight D. Eisenhower. US-Präsident Eisenhower trägt Militäruniform und macht mit nach unten gezogenem Mundwinkel einen missmutigen und unsympathischen Eindruck. Anstatt mit den klassischen Schachfiguren spielt er mit „A" und „H" beschriebenen Raketen. Ihm gegenüber steht rechts der überlegen lächelnde sowjetische Staats- und Parteichef Chruschtschow. Der in Zivil gekleidete Chruschtschow stellt Eisenhowers Raketen verschiedene Figuren entgegen: Weizen- und Zuckersäcke, Milchkannen, Butterfässer, Pumpen, Wollbündel etc.
Historischer Kontext	• Nikita Chruschtschow: Nach Stalins Tod 1953 Parteichef, nach Bulganins Rückzug vom Amt des Ministerpräsidenten seit 1958 auch Inhaber dieses Amtes. 1964: Chruschtschow wird durch das Zentralkomitee der KPdSU vom Amt des Regierungs- und Parteichefs enthoben. • Dwight D. Eisenhower: 1944 alliierter Oberbefehlshaber für die Invasion in Frankreich, unter Truman Generalstabschef, dann Oberbefehlshaber der NATO-Streitkräfte in Europa. 1953-1961: (Republikanischer) Präsident der USA. • Atombombe (A): Atombombenabwurf auf Japan im August 1945 durch die USA. Seit 1949 verfügte auch die Sowjetunion über die Bombe, Großbritannien seit 1952, China seit 1964. • Wasserstoffbombe (H): Seit 1952 verfügte die USA, seit 1953 die UdSSR über die Wasserstoffbombe. • „Sputnik-Schock" 1957: Start des ersten künstlichen Erdsatelliten Sputnik durch die UdSSR. Beobachtern schien es damals, als sei die Sowjetunion den USA technologisch überlegen oder doch mindestens ebenbürtig. Die durch den Sputnik ausgelöste Angst vor sowjetischen Interkontinentalraketen führte in den USA zu verstärkten Investitionen in Raumfahrt und Bildung.
Deutung	Militäruniform, Gesichtsausdruck, Raketen anstatt der klassischen Schachfiguren: Eisenhower wird in der Karikatur herabgesetzt und als Kriegstreiber dargestellt. Demgegenüber symbolisieren die Weizen- und Zuckersäcke, Milchkannen, Butterfässer etc. die angebliche Friedensliebe der Sowjetunion und ihres Führers Chruschtschow. Die Figur „Sputnik" verweist dabei auf den 1957 ins All beförderten Satelliten, ein großer technischer Erfolg der Sowjets. *Tendenz:* pro-sowjetisch, agitatorisch-propagandistisch. Den kriegslüsternen Amerikanern wird die friedliebende Sowjetunion gegenübergestellt, deren Anstrengungen nicht auf Rüstung, sondern allein auf den wirtschaftlichen Aufbau ausgerichtet sind.
Didaktisch-methodische Hinweise, Arbeitsanregungen	• Gegenüberstellen der Darstellung Eisenhowers und Chruschtschow in der Karikatur, Vergleich mit der Realität (in Tabellenform) • Nutzbarmachung kognitiver Dissonanzen: Gegenüberstellung von Karikatur und Stationierung sowjetischer Raketen auf Kuba (Kubakrise 1963) • Arbeit mit kontrastiven Parallelkarikaturen: Vergleich mit Karikatur 13

Chruschtschow: „Wollen wir nicht lieber mit diesen Figuren unser Können beweisen, Mister Eisenhower?“

13 Friedlicher Aufbau des Kommunismus? Selbst- und Fremdbild der Sowjetunion (II)

Titel	Hungary: Extinguished (Ungarn: Ausgelöscht)
Zeichner	Erik Thamm
Erscheinungs-datum/-ort	1956/Südafrika
Beschreibung	Eine eiserne Hand, die das Hammer-und-Sichel-Emblem aufweist, zerquetscht eine mit „Freiheit" beschriftete Kerze und bringt diese somit zum Erlöschen. Auf dem Kerzenständer steht „Ungarn". Der schwarze Arm, der in dem eisernen Handschuh steckt, sowie der sehr dunkle Hintergrund verbreiten eine brutale, unheimlichere, düstere Stimmung, die dem Betrachter einen kalten Schauer den Rücken herunter fahren lässt.
Historischer Kontext	• 17.6.1953: Arbeiteraufstand in Ost-Berlin. Dieser wird von sowjetischen Truppen gewaltsam niedergeschlagen. • 1956: Ungarn-Aufstand. Am 23.10. demonstrieren 200 000 Studenten in Budapest gegen die Regierung, Sicherheitskräfte eröffnen das Feuer auf die Menge. Am selben Abend kommt es in der Innenstadt von Budapest zu weiteren Demonstrationen. Das monumentale Stalin-Denkmal wird gestürzt. Reformorientierte Vertreter setzen sich in der ungarischen kommunistischen Partei durch, beschließen den Austritt Ungarns aus dem Warschauer Pakt. 4.11.: In den frühen Morgenstunden marschieren fünf sowjetische Divisionen in die ungarische Hauptstadt ein und beginnen den Volksaufstand gewaltsam niederzuschlagen. • Weitere (erfolglose) Aufstände des Volkes gegen die kommunistische Herrschaft: Prager Frühling 1968, Polen 1980, China (Tiananmen) 1989.
Deutung	Die Karikatur thematisiert die Niederschlagung des so genannten Ungarn-Aufstands 1956. Nachdem es innerhalb der ungarischen kommunistischen Partei zu einem Streit zwischen Stalinisten und reformerischen Kräften gekommen war, setzen sich letztere aufgrund ihres starken Rückhalts in der Bevölkerung zunächst durch. Die neue Regierung öffnet sich gegenüber der demokratischen Opposition, beendet die kommunistische Diktatur durch die Wiederherstellung eines Mehrparteiensystems. Diese politische Öffnung sowie der Austritt Ungarns aus dem Warschauer Pakt sind für die UdSSR inakzeptabel; russische Truppen schlagen den Freiheitskampf Ungarns im November 1956 brutal nieder. *Tendenz:* kommentierende Karikatur, die Partei für den Freiheitskampf der Ungarn ergreift und die sowjetische militärische Intervention harsch verurteilt: Das Licht der Freiheit wird mit eiserner Hand (Gewalt, Panzer) zum Erlöschen gebracht.
Didaktisch-methodische Hinweise, Arbeitsanregungen	• Arbeit mit kontrastiven Parallelkarikaturen: Vergleich mit Karikatur 12 • Längsschnittuntersuchung: Umgang der Sowjetunion mit Reformbestrebungen in ihrem Machtbereich (1953, 1956, 1968, 1980) • Diskussion von Stilmitteln der Karikatur (z. B.: simpel und doch bzw. gerade effektiv?)

VRYHEID
HONGARYE
-ETAM-56

14 Dekolonisierung und die Suche nach neuen Verbündeten: Freiheit für die Dritte Welt? (I)

Titel	„Wie wir hörten, sprachen die Herren von freien Wahlen. Wir möchten sie gerne beim Wort nehmen."
Zeichner	Alfred Beier-Red
Erscheinungs-datum/-ort	Ca. 1959/DDR
Beschreibung	Rechts in der Karikatur sieht man drei Politiker aus Großbritannien, Frankreich und den USA, die an einer Art Verhandlungstisch sitzen. Der Amerikaner (Außenminister John Foster Dulles?) hat ein Papier vor sich liegen, das „Freie Wahlen" betitelt ist. Die drei Staatsmänner drehen sich teils erstaunt, teils verärgert um, als sich hinter ihnen fünf Männer zu Wort melden: „Wie wir hörten, sprachen die Herren von freien Wahlen. Wir möchten sie gerne beim Wort nehmen." Die fünf tragen exotisch anmutende Kleidung, der Schwarze rechts trägt lediglich einen Lendenschurz. Mindestens drei der Männer sind an eine Eisenkugel gefesselt: der Kenianer an eine Union-Jack-Kugel, der Algerier an eine Kugel mit französischer Flagge und der Guatemalteke an eine Kugel, welche die Aufschrift „United Fruit Company" (ein US-amerikanisches Unternehmen) trägt. Auf den Kopfbedeckungen der vor ihnen Stehenden ist „Südvietnam" sowie „Zypern" zu lesen.
Historischer Kontext	• Kommunistische Umstürze, Wahlfälschungen und Errichtung von Diktaturen im sowjetischen Herrschaftsbereich Osteuropas • Drängen der westlichen Alliierten auf Selbstbestimmung, Freiheit und Menschenrechte in Osteuropa • (ehemaliges) französisches Kolonialreich: Indochina (1954 französischer Rückzug), Algerien (blutiger Befreiungskrieg, 1962 Unabhängigkeit) • (ehemaliges) britisches Kolonialreich: Ghana wird 1957 als erstes schwarz-afrikanisches Land unabhängig, Kenia (1963 Unabhängigkeit) und Zypern (1960 Unabhängigkeit) • USA: wirtschaftliche Durchdringung Lateinamerikas („Dollar-Imperialismus"), Unterstützung Südvietnams gegen den kommunistischen Norden
Deutung	Beier-Red prangert mit seiner Zeichnung die angebliche Doppelmoral der Westmächte an, welche die gewaltsame Unterdrückung der Völker Mittel- und Osteuropas wortreich kritisieren, aber gleichzeitig in ihrem Machtbereich ganze Völker in „Ketten halten". *Tendenz:* agitatorisch-propagandistisch, die westlichen Staatsmänner werden stark verzerrt dargestellt, wirken sehr unsympathisch. Beier-Red verweist zu Recht auf die jahrzehntelange Unterdrückung der Kolonien durch die Westmächte, ignoriert jedoch die Politik der Dekolonisierung; gleichzeitig Apologie des gewaltsamen sowjetischen Vorgehens sowie von Verstößen gegen die Menschenrechte in Osteuropa.
Didaktisch-methodische Hinweise, Arbeitsanregungen	• Recherche zu den europäischen Kolonialreichen, informeller Herrschaft und „Dollar-Imperialismus" • Kartenarbeit: Untersuchungen von Freedom House (http://www.freedomhouse.org) zum Grad der Freiheit in der (gegenwärtigen) Welt • Arbeit mit kontrastiven Parallelkarikaturen: Vergleich mit Karikatur 15

„Wie wir hörten, sprachen die Herren von freien Wahlen. Wir möchten sie gerne beim Wort nehmen."

15 Dekolonisierung und die Suche nach neuen Verbündeten: Freiheit für die Dritte Welt? (II)

Titel	Progress (Fortschritt)
Zeichner	Michael Cummings
Erscheinungs-datum/-ort	Ca. 1956 /Großbritannien
Beschreibung	Links in der Karikatur ist ein (mittelgroßer) britischer Kolonialoffizier mit Tropenhelm zu erkennen, der gerade eine Art Haustür aufgeschlossen hat. Aus der exotisch anmutenden Tür rennen drei kleine Figuren, deren Kleidung, Gesichtszüge und nationalistischen Banner sie als Araber, Südostasiaten sowie Inder ausweisen. Ihre Art zu laufen erinnert dabei an (willenlose) Lemminge. Die drei bewegen sich nach rechts (Osten), wo sie ein freundlich lächelnder Mann erwartet (Nikolai Bulganin, 1955-1958 Ministerpräsident der UdSSR), dessen Revers das Hammer-und-Sichel-Emblem aufweist. Der Mann hat eine mit eisernen Gitterstäben gesicherte Tür aufgesperrt über deren Eingang das Schild „Willkommen! Hier gibt es Nahrung, Geld und Waffen!" hängt. Die Eisentür ist mit einem großen Schloss gesichert, dahinter führt eine Treppe hinab.
Historischer Kontext	• Dekolonisierung seit dem Zweiten Weltkrieg, u. a.: Indien (1947), Burma (1947), Palästina (1948), Indonesien (1949). • Systemkonkurrenz: Im Zuge der Dekolonisierung buhlen das westliche und das sowjetische Lager um Macht und Einfluss in den neu entstehenden Staaten. • Sozialismus: Viele der nun unabhängigen Entwicklungsländer (u. a. Indien und zahlreiche arabische Staaten) folgten dem sowjetischen Wirtschaftsmodell. Sie sahen außenwirtschaftliche Autarkie, den Aufbau einer Schwerindustrie und die staatliche Lenkung des Wirtschaftsgeschehens (samt Verstaatlichung von Betrieben) als wichtige Voraussetzungen für ein rasches wirtschaftliches Aufholen. Letztendlich scheiterte der Sozialismus hier wie in der Sowjetunion an fehlenden Anreizen, einer überbordenden Bürokratie und einer ineffektiven staatlichen Planung.
Deutung	Cummings thematisiert in seiner Zeichnung die Dekolonisation der späten 1940er und 1950er Jahre. Großbritannien trat (wie Frankreich) zu dieser Zeit als Kolonialherr weitgehend ab und entließ u. a. Indien und Birma in die Unabhängigkeit. Die Sowjetunion (wie auch die USA) zeigte sich in der Folgezeit sehr bemüht, die neuen Staaten im Ost-West-Konflikt auf ihre Seite zu ziehen und köderte die Länder mit wirtschaftlicher Hilfe sowie mit Waffenlieferungen. *Tendenz:* kommentierende bis agitatorisch-propagandistische Karikatur. Cummings kritisiert die jungen Staaten als naive, einfältige, politisch unreife Gestalten, die unter nationalistischen Parolen blind dem „Rattenfänger" Bulganin folgen. Der teuflisch lächelnde sowjetische Politiker ködert die Länder unter dem Deckmäntelchen des „Fortschritts" und mit Versprechungen von wirtschaftlicher Hilfe in eine Art Kellerverließ, welches den kommunistischen Machtbereich darstellen soll. Die frisch erworbene Freiheit von der positiven britischen Herrschaft (vgl. die aufsteigende Treppe links), so Cummings, werde rasch wieder verloren gehen.
Didaktisch-methodische Hinweise, Arbeitsanregungen	• Kartenarbeit zu Kolonien, Dekolonisation und der Stellung der Dritten Welt im Ost-West-Konflikt • Recherche zu den Unabhängigkeitsbewegungen einzelner ehemaliger britischer Kolonien • Untersuchung der Rolle der Dritten Welt im Ost-West-Konflikt (sozialistisches Entwicklungsmodell, Bündnisse, wirtschaftliche Unterstützung, Stellvertreterkriege etc.) • Arbeit mit kontrastiven Parallelkarikaturen: Vergleich mit Karikatur 14

Progress (Fortschritt)

III. Détente und Wiederaufflackern des Kalten Krieges

16 Mehr Freiheit für Osteuropa? – Die KSZE-Schlussakte

Titel	That makes it legitimate? (Das macht es legitim?)
Zeichner	Karl Hubenthal
Erscheinungs-datum/-ort	31.7.1975/Los Angeles Herald Examiner, USA
Beschreibung	Zu sehen sind drei Hände. Links eine junge, feingliedrige Hand, die mit „Eastern Europe" beschriftet und an eine mächtige, schwarze Kette gelegt ist. Die beiden Hände rechts gehören ein und derselben Person – dem sowjetischen Staats- und Parteichef Leonid Breschnew. Breschnew trägt ein weißes Hemd mit Hammer-und-Sichel-Symbol unter seinem schwarzen Anzug. Seine großen, kräftigen Hände stecken „Osteuropa" gewaltsam – vgl. die Sterne – einen Ring auf, in den „Helsinki Summit" (Gipfel von Helsinki) eingraviert ist.
Historischer Kontext	• KSZE: Im Zuge der weltweiten Entspannungspolitik (Détente) sowie nach Inkrafttreten der neuen Ostpolitik der sozialliberalen Koalition wuchs in Ost und West das Interesse an einer weit reichenden Verständigung. In der Folge nahm am 3. Juli 1973 die „Konferenz über Sicherheit und Zusammenarbeit in Europa", an der alle europäischen Staaten, die USA, Kanada und die UdSSR beteiligt waren, in Helsinki ihre Arbeit auf. • KSZE-Schlussakte: Die so genannte Schlussakte von Helsinki kodifizierte die Ergebnisse der Konferenz am 1. August 1975 völkerrechtlich. Die unterzeichnenden Staaten verpflichteten sich zur Unverletzlichkeit der Grenzen, zur friedlichen Regelung von Streitfällen, zur wechselseitigen Nichteinmischung in innere Angelegenheiten sowie zur Wahrung der Menschenrechte. Außerdem wurde eine Zusammenarbeit in den Bereichen Wirtschaft, Wissenschaft und Umwelt vereinbart. • Bilanz: Die kommunistischen Staaten setzten sich über zahlreiche Bestimmungen der KSZE hinweg, die Menschenrechte wurden dort auch nach Unterzeichnung der Schlussakte nicht beachtet. Immerhin stärkte aber schon allein die symbolische Unterstützung durch den Westen die Opposition in den Ostblock-Staaten.
Deutung	Hubenthal kommentiert mit seiner Karikatur die Ergebnisse der *Konferenz über Sicherheit und Zusammenarbeit in Europa* 1975 in Helsinki. In seiner Interpretation gesteht die UdSSR in Person des sowjetischen Führers Breschnew den osteuropäischen Staaten zwar zum Schein die in der Schlussakte verbrieften Freiheiten und Verbesserungen der Menschenrechtslage zu, aber in Wahrheit bleiben die Warschauer-Pakt-Staaten doch an die totalitäre Sowjetunion „gefesselt": Sie sind nicht unabhängig, können nicht frei über Reformen des kommunistischen Systems in ihren Ländern oder über einen Austritt aus dem Warschauer Pakt entscheiden. *Tendenz:* kommentierende Karikatur, die die sowjetische Zustimmung zur KSZE-Schlussakte als heuchlerisch entlarvt.
Didaktisch-methodische Hinweise, Arbeitsanregungen	• Recherche zu Breschnew und den sowjetischen Staats- und Parteichefs seit Stalin • Kreativer Schreibauftrag: 1. Breschnew rechtfertigt in einer geheimen Politbürositzung die Unterzeichnung des KSZE-Vertrages; 2. Bundeskanzler Schmidt rechtfertigt im Deutschen Bundestag die Unterzeichnung des KSZE-Vertrages • Diskussion der These: „Das Helsinki-Abkommen hat nichts erreicht"

That Makes It Legitimate?

17 (K)ein Grund zum Feiern? – 30 Jahre DDR

Titel	Nach 30 Jahren DDR
Zeichner	Fritz Behrendt
Erscheinungs-datum/-ort	1979?/Fritz Behrendts Karikaturen wurden in verschieden Zeitungen in Deutschland und den Niederlanden, z. T. auch weltweit abgedruckt
Beschreibung	Im Bildvordergrund sieht man eine Mutter mit ihren zwei Kindern sowie einen DDR-Soldaten wegrennen. Sie entfernen sich von der mit Stacheldraht gesicherten Mauer; rechts hinter der Grenze ist die Flagge der DDR erkennbar. Zahlreiche weitere Menschen versuchen auf unterschiedliche Weise, von rechts nach links (von Ost nach West) zu fliehen: eine Gruppe von drei Menschen klettert über die Mauer, ein anderer überspringt sie mithilfe eines langen Stabes, wieder andere haben einen Tunnel gegraben. Während ein DDR-Bürger durch das Wasser schwimmt, versuchen weitere Menschengruppen in Booten unterschiedlicher Art zu entkommen. Und auch auf dem Luftweg versuchen die Menschen die Grenze zu überqueren: per Motorflugzeug, (selbst gebautem) Ballon, Segelflugzeug oder Sportdrachen.
Historischer Kontext	• 1945-1961: rund drei Millionen Menschen fliehen aus der SBZ/DDR in den Westen • Oktober 1949: Gründung der DDR als kommunistischer Einparteienstaat • 17.6.1953: Aufstand gegen die DDR-Diktatur, blutige Niederschlagung • 12.8.1961: Bau der Mauer • Bis 1989: Zehntausende Menschen versuchen unter Todesgefahr die DDR zu verlassen, Zehntausende werden wegen „Republikflucht" verurteilt, rund 1000 kommen auf der Flucht in den Westen ums Leben • 1979: Feiern zum 30. Jahrestag der DDR
Deutung	Die Karikatur Behrendts entlarvt den Mythos vom „antifaschistischen Schutzwall", der die DDR angeblich vor Angriffen von außen (vor den „imperialistischen Mächten") sichern sollte: Seit dem Ende des Zweiten Weltkriegs floh eine große Zahl von DDR-Bürgern aufgrund von politischer Unterdrückung und wirtschaftlicher Misere aus dem „Arbeiterparadies". Allerdings wurde dies spätestens ab 1961 immer schwieriger. So gelang in den Jahren 1961-1989 nur noch wenigen die Flucht. Die Flüchtlinge wählten dabei tatsächlich verschiedene der hier abgebildeten Mittel: Einige versuchten schwimmend über die Ostsee zu entkommen, andere buddelten Tunnels, und auch die Flucht per Segelflugzeug ist belegt. *Tendenz:* kommentierende Karikatur. Behrendt prangert eindrücklich die Inhumanität des DDR-Grenzregimes an und kontrastiert dies mit den verordneten Feiern zum dreißigsten Jahrestag des „sozialistischen Arbeiterparadieses".
Didaktisch-methodische Hinweise, Arbeitsanregungen	• Diskussion: War die Flucht aus der DDR tatsächlich so einfach wie hier teilweise dargestellt? • Arbeit mit Bildzitaten: Vergleich der Karikatur mit dem berühmten Foto des flüchtenden DDR-Grenzsoldaten • Kreatives Schreiben: Erfinden einer Biografie und Verfassen eines Tagebucheintrages für einen der abgebildeten Flüchtlinge • Gegenwartsbezug: „Mauern heute und in der Geschichte" (Hadrians-Wall, Chinesische Mauer, Israel, Korea, Mexiko-USA, „gated communities")

18 Ende des Rüstungswettlaufs? (I)

Titel	Preliminary Disarmament Talks ... (Erste Abrüstungsgespräche ...)
Zeichner	David Horsey
Erscheinungs-datum/-ort	1983/Seattle Post-Intelligencer, USA
Beschreibung	Die Zeichnung zeigt zwei Jungen auf ihren Baumhütten. Beide Baumhütten sind bis unters Dach mit Raketen bestückt; eine trägt die Aufschrift „USA“ und eine die Aufschrift „CCCP“ (UdSSR auf Russisch). Vor den Baumhäusern sind jeweils Fässer mit „Nervengas“ abgestellt. Zu den Kindern: Der kleine Junge links trägt den Zylinder Uncle Sams, hält ein Holzschwert in der Hand und ruft zu dem anderen Jungen herüber: „Alles was du bauen kannst kann ich auch – nur größer!“ Daraufhin brüllt der Junge rechts, der mit einer russischen Pelzmütze bekleidet ist, zurück: „Kannst du nicht!“ „Kann ich wohl!“, schallt es zurück, und als Antwort: „Dann bau ich halt mehr davon!“
Historischer Kontext	• 1970er und 1980er Jahre: Atomare Aufrüstung in Ost und West trotz Abrüstungsgesprächen. • SALT I: 1972 einigten sich USA und UdSSR auf erste Rüstungsbeschränkungen. 1981 scheiterte das SALT I-Abkommen im US-Kongress. • START I und II: 1982, nach dem Scheitern von SALT II, begannen die Verhandlungen zu START I. Die Genfer Abrüstungsverhandlungen zwischen den USA und der UdSSR bleiben jedoch bis November 1983 ergebnislos. Der Deutsche Bundestag stimmte deshalb am 22. November 1983 mit den Stimmen von CDU/CSU und F.D.P. der Stationierung neuer US-Mittelstreckenraketen in der Bundesrepublik als Antwort auf die sowjetischen SS-20 Raketen zu. Daraufhin brach die Sowjetunion die Genfer Gespräche ab. • 1990 unterzeichneten Präsident Bush und Generalsekretär Gorbatschow ein Abkommen, das die Höchstzahl der nuklearen Gefechtsköpfe auf je 6000 festlegte. • Afghanistankrieg: Im Dezember 1979 marschierten sowjetische Truppen in Afghanistan ein (Abzug 1989). Der Einmarsch wurde im Westen scharf verurteilt und führte zu einem neuerlichen Anstieg der Fieberkurve des Kalten Krieges. Eine Folge war unter anderem der gegenseitige Boykott der Olympischen Spiele in Moskau (1980) und Los Angeles (1984).
Deutung	Horsey kritisiert den – trotz aller Bekundungen zur Abrüstung – ungebremsten Rüstungswettlauf zwischen den beiden Supermächten USA und Sowjetunion als kindisch. Obwohl die beiden Staaten bereits jetzt über riesige Waffenarsenale verfügen und den Globus mehrmals in die Luft sprengen könnten (beide Baumhäuser sind förmlich voll gestopft mit nuklear bestückten Raketen), rüsten sie weiter auf. *Tendenz:* kommentierende Karikatur. Der amerikanische Karikaturist Horsey kritisiert seine Regierung (wie auch die der UdSSR), die den Rüstungswettlauf trotz aller gegenteiligen Bekundungen weiter anheizt. Die bittere Ironie der Karikatur wird besonders in Verbindung mit der Bildüberschrift „erste Abrüstungsgespräche“ deutlich. Die Politiker werden als kindisch und verantwortungslos dargestellt.
Didaktisch-methodische Hinweise, Arbeitsanregungen	• Arbeit mit Statistiken zur Rüstungsproduktion (eventuell auch Gegenwartsbezug) • Recherche zu SALT I und II • Arbeit mit kontrastiven Parallelkarikaturen: Vergleich mit Karikatur 19

PRELIMINARY DISARMAMENT TALKS...
I CAN BUILD ANYTHING YOU CAN BUILD BIGGER!
NO YOU CAN'T!
YES I CAN!
THEN I'LL BUILD MORE OF 'EM!
USA
CCCP
NERVE GAS
NERVE GAS
NERVE GAS
HORSEY
SEATTLE POST INTELLIGENCER © 1983

19 Ende des Rüstungswettlaufs? (II)

Titel	„Hey! ... Why don't we be more neighborly and remove this fence?" („Hey, ... sollten wir nicht unsere Nachbarschaft stärken und endlich diesen Zaun abbauen?")
Zeichner	Joe Heller
Erscheinungs-datum/-ort	1987/Green Bay Press-Gazette, USA
Beschreibung	Die Karikatur zeigt zwei Nachbarn, die sich über ihren Gartenzaun hinweg unterhalten; das heißt, eigentlich spricht nur der Mann links (Michail Gorbatschow), der locker auf einem aus Raketen bestehenden Zaun lehnt und sagt: „Hey, ... sollten wir nicht unsere Nachbarschaft stärken und endlich diesen Zaun abbauen?" Der eben noch gemütlich auf einem Liegestuhl sitzende Mann in Shorts rechts, dessen T-Shirt den Schriftzug „NATO" trägt, zuckt erschreckt zusammen. Ihm scheint der Vorschlag Angst zu machen. Außerdem befinden sich auf beiden Seiten des Zaunes Hunde: Während links ein riesiger Vierbeiner mit fletschenden Zähnen aus seiner Hütte „Soviet conventional weapons" (Sowjetische konventionelle Waffen) blickt, sitzt rechts ein nicht sonderlich intelligent dreinschauender, verhätschelter Pudel.
Historischer Kontext	• START II: Nach dem Scheitern von SALT I 1981 im US-Kongress begannen zwischen den USA und der UdSSR die 1982 die Verhandlungen zu START II. Nach jahrelangen, immer wieder unterbrochenen Gesprächen 1990 unterzeichneten Präsident Bush und Generalsekretär Gorbatschow ein Abkommen, das die Höchstzahl der nuklearen Gefechtsköpfe auf je 6000 festlegte und so die Bestände um 25 Prozent reduzierte. • Michail Gorbatschow: Nach dem Tod Andropows (1984) und Tschernenkos (1985) Generalsekretär der KPdSU. Gorbatschow trat sein Amt 1985 als Reformer unter den Parolen „Glasnost" (Offenheit, Transparenz) und „Perestroika" (Umgestaltung) an und zeigte sich offen für Abrüstungsvorschläge. • Afghanistankrieg: Auch unter Gorbatschow ging der blutige Afghanistankrieg weiter. Ein Abzug der sowjetischen Truppen erfolgte erst 1989.
Deutung	Michail Gorbatschow, der 1985 die Macht in der UdSSR übernommen hatte, machte bald nach seiner Ernennung zum Staats- und Parteichef erste vorsichtige Schritte in Richtung Abrüstung. Die Ende 1981 im US-Kongress gescheiterten sowjetisch-amerikanischen Abrüstungsvereinbarungen wurden schon bald unter neuem Namen wieder aufgenommen. Heller ist hinsichtlich Gorbatschows Avancen sehr skeptisch und warnt davor, dass bei einer Reduzierung der amerikanischen Mittel- und Langstreckenraketen mit Nuklearsprengköpfen in Westeuropa die Sowjetunion aufgrund ihrer riesigen Kapazitäten im Bereich der konventionellen Waffen einen deutlichen Vorteil gegenüber den NATO-Mitgliedern hätte. *Tendenz:* kommentierende Karikatur; der Karikaturist tritt für den Erhalt der nuklearen Abschreckung ein und prophezeit für den Fall, dass doch abgerüstet wird, einen Angriff der UdSSR mit konventionellen Waffen auf den Westen (vgl. den zähnefletschenden Hund).
Didaktisch-methodische Hinweise, Arbeitsanregungen	• Arbeit mit kontrastiven Parallelkarikaturen: Kontrastierung mit Karikatur 18 • Recherche zu Michail Gorbatschows Abrüstungs- und Reformpolitik • Diskussion: Wie lässt sich Gorbatschows Abrüstungsvorschlag einschätzen?

SOVIET CONVENTIONAL WEAPONS
USA
USSR
NATO
JoeHeller ©1987 4·22 GREEN BAY PRESS-GAZETTE
"HEY!... WHY DON'T WE BE MORE NEIGHBORLY AND REMOVE THIS FENCE?"

20 Europa: Pro und kontra Abrüstung

Titel	Ohne Titel
Zeichner	Herbert Block (Herblock)
Erscheinungs-datum/-ort	24.4.1987/Washington Post, USA
Beschreibung	Die Karikatur zeigt eine protestierende Menschenmenge, die sich vor der amerikanischen Botschaft einer europäischen anmutenden Großstadt versammelt hat. Die Demonstranten wirken aufgebracht, haben die Arme zum Protest erhoben und scheinen Parolen zu skandieren. Sie tragen Plakate mit der Aufschrift „Schützt Europa! Abzug der US-Nuklearraketen!" und „Schützt Europa! Kein Abzug der US-Nuklearraketen!"
Historischer Kontext	• Friedensbewegung: Die europäische Friedensbewegung entstand Anfang der 1980er Jahre im Zuge der Debatten über nukleare Abrüstung und den NATO-Doppelbeschluss. Besonders stark war die Bewegung in Deutschland, wo sie u. a. zur Gründung der Partei „Die Grünen" (1983 erstmaliger Einzug in den Bundestag) führte. • NATO-Doppelbeschluss 1979: Angebot an die UdSSR, über den Abbau sowjetischer, auf Westeuropa gerichteter atomarer SS-20-Mittelstreckenraketen zu verhandeln. Bei einem Scheitern der Gespräche wollten die USA nach vier Jahren – also Ende 1983 – ebenfalls atomare Mittelstreckenraketen in Europa stationieren. Der NATO-Doppelbeschluss spaltete die SPD: Kanzler Schmidt wurde für seine Unterstützung des Beschlusses von der Parteibasis heftig angegriffen. • Ende des Kalten Krieges: Die USA gingen 1989/90 schließlich als Sieger aus dem Rüstungswettlauf hervor. Manches spricht dafür, dass die UdSSR „totgerüstet" wurde – die gigantischen Rüstungsausgaben also zum finanziellen Ruin und so zum zwangsläufigen Untergang der Sowjetunion geführt haben.
Deutung	Der amerikanische Karikaturist Herblock thematisiert in seiner Zeichnung den Streit in den europäischen NATO-Staaten um die Stationierung von Nuklearwaffen in ihren Ländern. Herblock zeigt deutlich, wie tief die europäische Bevölkerung damals gespalten war: Während sich die einen mehr Sicherheit durch den Abzug der US-Raketen erhofften, glaubten die anderen, dass es gerade dem nuklearen Schutzschirm der Amerikaner zu verdanken sei, dass Europa weiterhin in Frieden und Freiheit leben kann. *Tendenz:* eher deskriptive Karikatur; Herblock nimmt keinen eindeutigen Standpunkt ein, kritisiert die Europäer jedoch wegen ihrer Zerstrittenheit.
Didaktisch-methodische Hinweise, Arbeitsanregungen	• Recherche zur europäischen Friedensbewegung der 1980er Jahre • Analyse und Diskussion der Argumente für und wider die Stationierung von US-Nuklearraketen in Europa • Gegenwartsbezug: Kontroverse um das amerikanische Raketenabwehrsystem in Osteuropa; Diskussion: „Ist die Friedensbewegung heute tot?"

PROTECT EUROPE! REMOVE U.S. NUCLEAR MISSILES!
PROTECT EUROPE! DON'T REMOVE U.S. NUCLEAR MISSILES!
EMBASSY OF THE UNITED STATES
©1987 HERBLOCK

21 Das Streben nach Freiheit – DDR, Ungarn, Tschechoslowakei, Polen

Titel	How was it out there? (Wie war es da draußen?)
Zeichner	Dick Locher
Erscheinungs-datum/-ort	1982/Chicago Tribune, USA
Beschreibung	Eine Person, von der nur die Arme sichtbar sind, steckt einen Vogel mit der Aufschrift „Polen" in einen Vogelkäfig (zurück). In dem Käfig sitzen bereits drei weitere, müde/trübselig/resigniert dreinblickende Vögel, von denen einer mit „Ostdeutschland" und einer mit „Ungarn" etikettiert ist. Der oben sitzende Vogel, der nicht beschriftet ist, empfängt den polnischen Artgenossen mit den Worten „Wie war es da draußen?" Weitere Details: Der Käfig ist an einer Hammer-und-Sichel-Kette aufgehängt, ebenso weist der Jackenärmel des „Vogelfängers" das Symbol der Sowjetunion auf. Der Käfig ist karg, das Vogelfutter knapp und bereits fast komplett aufgefressen.
Historischer Kontext	• „Polenkrise" in den 1980ern: 1979 besucht der (polnische) Papst Johannes Paul II. Polen und wird begeistert empfangen. Nach Preiserhöhungen als Reaktion auf Polens schwierige Wirtschaftslage kommt es 1980 zu größeren Protesten und Streiks. Die „Solidarität" entsteht als freie Gewerkschaft. Dezember 1981: Verhängung des Kriegsrechts durch General Jaruzelski, den neuen starken Mann Polens. Streikverbot, Zerschlagung von Demonstrationen, Ausgangssperren, Verschärfung der Zensur, Verhaftung der Streikführer. Oktober 1982 Verbot der „Solidarität". • Aufstände gegen die kommunistische Herrschaft in der DDR (1953), Ungarn (1956) und in der Tschechoslowakei (1968).
Deutung	Locher kommentiert mit seiner Zeichnung die Unterdrückung der polnischen Freiheitsbestrebungen in den frühen 1980er Jahren. Nach dem Papst-Besuch 1979 war es in Polen zu immer lauter vorgetragenen Forderungen nach Reformen gekommen; Proteste und Streiks breiteten sich 1980 über das ganze Land aus. An der Spitze des Protestes stand die in Danzig neu gegründete freie Gewerkschaft „Solidarität" unter Lech Walesa. Für kurze Zeit war Polen damals dem sowjetischen „Gefängnis" (Käfig) entkommen und „frei wie ein Vogel". Nach der Machtübernahme Jaruzelskis wurden die Reformen jedoch wieder zurückgedreht und das polnische Volk mit der Verhängung des Kriegsrechts erneut in den trostlosen „Käfig" der sowjetischen Herrschaft eingesperrt – so war es zuvor schon den Ostdeutschen, Ungarn und Tschechen gegangen. *Tendenz:* kommentierende Karikatur, Locher zeigt drastisch die Unterdrückung der osteuropäischen Freiheitsbestrebungen durch die UdSSR.
Didaktisch-methodische Hinweise, Arbeitsanregungen	• Lernen an Stationen: Arbeit mit den Karikaturen 12, 13 • Recherche zum Papst-Besuch 1979 und zur „Solidarität" • Diskussion: Welchen Anteil hat Polen am Erfolg der Wende in Mittel- und Osteuropa 1989?

HOW WAS IT OUT THERE?
EAST GERMANY
HUNGARY
POLAND

IV. Das Epochenjahr 1989 – Zusammenbruch des Kommunismus

22 Forderungen nach Reformen I: Die Sowjetunion

Titel	5 Jahre Gorbi
Zeichner	Horst Haitzinger
Erscheinungs-datum/-ort	1990/Horst Haitzingers Karikaturen werden in verschieden regionalen Zeitungen in Deutschland, z. T. auch weltweit abgedruckt
Beschreibung	Die Karikatur besteht aus zwei Einzelbildern. Das Bild „1985“ zeigt einen überdimensionalen hölzernen Blumentopf, der durch ein vermutlich metallenes Band „Marxismus-Leninismus“ zusammengehalten wird. In der Mitte des Topfes wächst ein kleines, zartes Pflänzchen, das durch einen Pflanzstock stabilisiert wurde. An dem Stock hängt das Schild „Perestroika“; gegossen wird die Pflanze von einem Mann mit Gärtnerschürze (Michail Gorbatschow). Das rechte Bild zeigt den gleichen Blumentopf 1990: Das Pflänzchen ist zu einem riesigen Baum herangewachsen, dessen Wurzeln den Topf und den ihn vormals umklammernden Ring „Marxismus-Leninismus“ gesprengt haben. Der Gärtner Gorbatschow versucht durch kleinere, provisorische Reparaturen, den Topf notdürftig zusammenzuhalten; den funktionslos gewordenen Ring „Marxismus-Leninismus“ ignoriert er.
Historischer Kontext	• Epochenjahr 1989, Auflösung der Sowjetunion 1991 • „Glasnost“ (Offenheit, Transparenz) und „Perestroika“ (Umgestaltung): Nach seiner Machtübernahme war es Gorbatschows Absicht gewesen, das Sowjetsystem wirtschaftlich zu modernisieren, effizienter zu machen und durch eine Lockerung der Zensur auch politisch vorsichtig zu öffnen. Dabei sollte die KPdSU ihre Führungsrolle beibehalten. Diese Politik scheiterte jedoch, und die Machtbasis der KPdSU begann unaufhaltsam zu bröckeln. Gorbatschow verlor die Kontrolle über sein Experiment. • August 1991: Gescheiterter Putsch gegen Gorbatschow. Dezember: Auflösung der Sowjetunion und Gründung der GUS (Gemeinschaft unabhängiger Staaten).
Deutung	1985, kurz nach seiner Ernennung zum Staats- und Parteichef, pflanzte der in westlichen Medien fast liebevoll „Gorbi“ genannte Michail Gorbatschow das zarte Pflänzchen Reform: Glasnost und Perestroika. Fünf Jahre später hat Gorbatschows Politik der wirtschaftlich-politischen Öffnung zu einer Erosion sowohl der KPdSU als auch der UdSSR geführt: Kritik am Kommunismus wird nach der erfolgreichen friedlichen Revolution in Mittel- und Osteuropa nun auch in der Sowjetunion immer vehementer vorgetragen. Die bisherigen Reformen reichen den Menschen nicht, sie wollen einen echten Systemwechsel. Damit ist aber nicht nur der „Marxismus-Leninismus“ am Ende, vom „Gärtner“ unbeabsichtigt implodiert auch das riesige Imperium des sowjetischen Vielvölkerstaates (vgl. die Nationalitätenkonflikte), das bislang noch von der Ideologie und der harten Hand der Moskauer Führung zusammengehalten worden war. *Tendenz:* eher kommentierende Karikatur; Haitzinger stellt die Entwicklungen in der Sowjetunion relativ sachlich dar, kritisiert Gorbatschow aber als eine Art Zauberlehrling, der 1985 nicht wusste, was er tat und 1990 unbeholfen und in anachronistischer Verkennung der Lage die UdSSR zusammenhalten wollte. Haitzinger prophezeit (korrekt), dass dieser Versuch zum Scheitern verurteilt ist.
Didaktisch-methodische Hinweise, Arbeitsanregungen	• Diskussion der Aussage: „Gorbatschows Politik leitete letztendlich den Untergang der Sowjetunion ein. Manche politische Beobachter sehen ihn deshalb als unfähigen, kolossal gescheiterten Staatsmann an.“ • Gegenwartsbezug: „In Russland nimmt heute die Sehnsucht nach dem Kommunismus, nach der einstigen imperialen Größe sowie die Stalin-Verehrung teilweise beängstigende Ausmaße an. Wie ist das zu erklären, wie zu werten?“

„5 Jahre Gorbi"

23 Forderungen nach Reformen II: China

Titel	Ohne Titel
Zeichner	Walter Hanel
Erscheinungs-datum/-ort	1989/Bundesrepublik Deutschland
Beschreibung	Die Karikatur zeigt einen riesigen Drachen, der aus vielen kleinen Menschen zusammengesetzt ist. Diese tragen Plakate mit Forderungen wie „Freiheit", „Demokratie" und „Perestroika". Der Drache macht mit seinen weit aufgerissenen Augen und seinem geöffneten Maul einen verärgerten Eindruck. Vielleicht spuckt er gleich Feuer? Ferner hat der Drache seine Flügel wie zum Flug gespreizt, er scheint sich von den ihm angelegten Fesseln lösen zu wollen. Denn noch liegt ihm eine Schlinge um den Hals, die mit einem Pflock (Lenin) in der Erde befestigt ist. Seine beiden Füße liegen ebenfalls in Ketten, welche allerdings gerade im Bersten begriffen bzw. schon gesprengt sind. Die beiden angespannten, schmerzverzerrten Gesichter, die der Karikaturist den zugehörigen Pflöcken aufgesetzt hat, gehören Mao Tse-tung und Karl Marx.
Historischer Kontext	• „Wende" in Mittel- und Osteuropa 1989 • Massaker auf dem Tiananmen-Platz: Auf dem „Platz des Himmlischen Friedens" kamen seit April 1989 zunächst hauptsächlich Studenten zusammen, um für Demokratisierung und Meinungsfreiheit zu demonstrieren. Die Proteste weiteten sich zu einem friedlichen Sitzstreik aus, der immer mehr Menschen anzog. Zuletzt hatten sich über hunderttausend Chinesen auf dem Platz versammelt. Am 4. Juni setzte die kommunistische Regierung Militär gegen die Protestierer ein, nach inoffiziellen Schätzungen kamen dabei 3000-5000 Menschen zu Tode. Die sich anschließende Verhaftungs- und Hinrichtungswelle erstickte die chinesische Demokratiebewegung bis auf Weiteres. • China ist seit den marktwirtschaftlichen Reformen Deng Xiaopings Anfang der 1980er Jahre heute ein ökonomisch aufstrebendes Land und nur noch dem Namen nach kommunistisch. Demokratie, Rechtsstaat und Meinungsfreiheit haben sich allerdings immer noch nicht durchgesetzt, das Land ist weiterhin eine Diktatur.
Deutung	Leider ist das genaue Datum der Veröffentlichung nicht bekannt, es ist jedoch höchstwahrscheinlich, dass die Karikatur aus den Tagen vor oder unmittelbar nach der Niederschlagung der Studentenproteste auf dem Tiananmen-Platz am 4. Juni 1989 stammt. Ermuntert durch die Reformversprechen Gorbatschows (Glasnost und Perestroika) und die revolutionären Vorgänge in Osteuropa, hatten sich zehntausende Chinesen auf Pekings zentralem Platz eingefunden, um friedlich für Forderungen wie „Freiheit", „Demokratie" und „Reformen" zu demonstrieren. Der chinesische Drache, lange Zeit ein domestizierter, schlafender Riese, beginnt sich nun zu regen. Er ist im Begriff, sich von den Fesseln des Marxismus-Leninismus zu befreien, die ihm einst von Mao Tse-tung angelegt worden waren. *Tendenz:* kommentierende Karikatur; Hanel sympathisiert mit dem Freiheitsstreben des chinesischen Volkes. Die berstenden Ketten prophezeien das Ende des kommunistischen Regimes und den Sieg der Demokratie, was sich im Nachhinein als zu optimistisch herausgestellt hat.
Didaktisch-methodische Hinweise, Arbeitsanregungen	• Recherche zu China und den Protesten auf dem Tiananmen-Platz • Gegenwartsbezug: Ist die Karikatur noch heute aktuell? • Karikaturen zeichnen: Zeichnen einer Folgekarikatur (Ende 1989, heute)

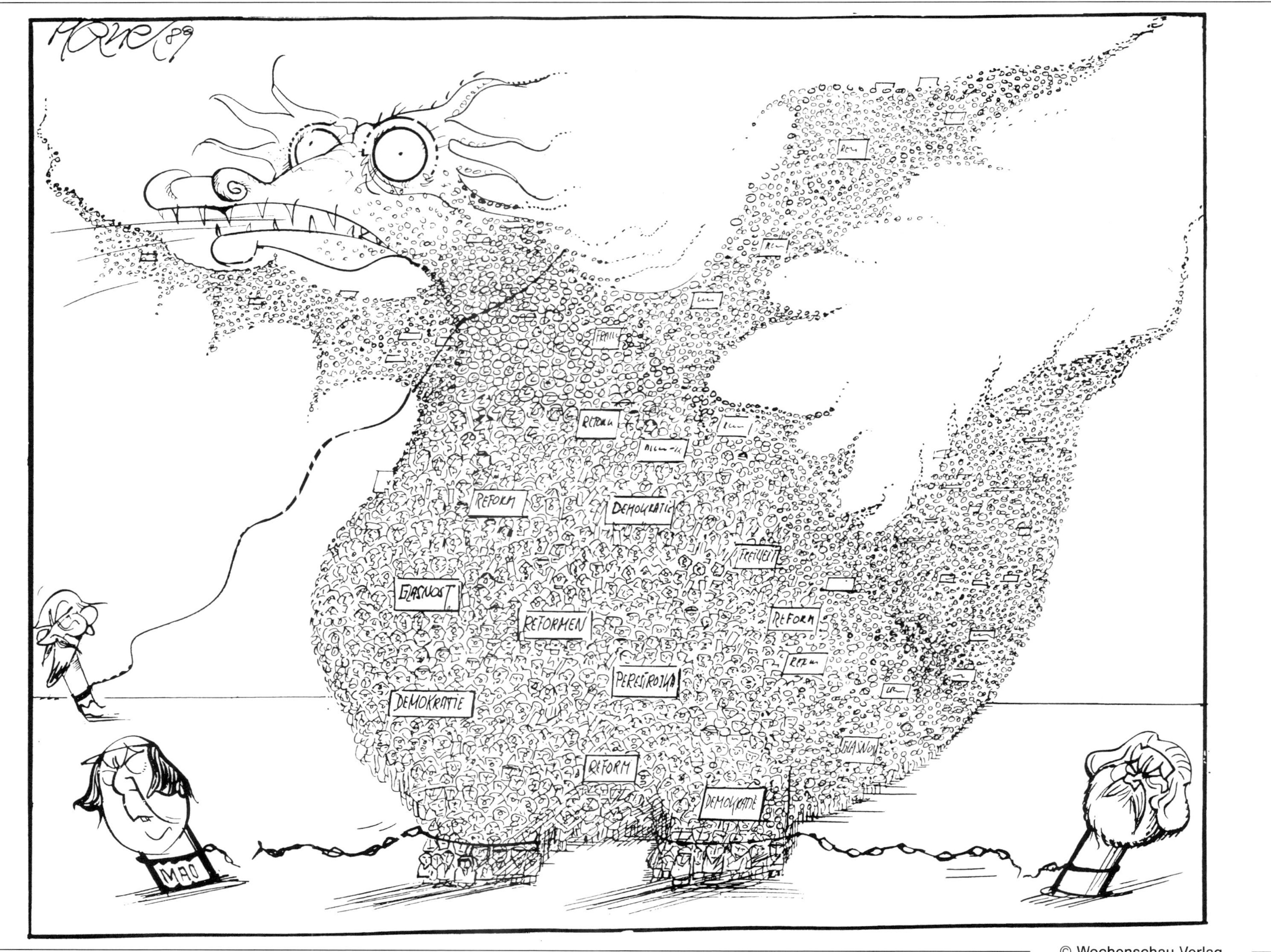
REFORM
DEMOKRATIE
FREIHEIT
GLASNOST
REFORMEN
REFORM
PERESTROIKA
DEMOKRATIE
REFORM
DEMOKRATIE
MAO

24 Osteuropa: Tauwetter und „Eiszeit“

Titel	Osteuropäischer Geleitzug im Winter 1988/89
Zeichner	Schoenfeld
Erscheinungs-datum/-ort	29.12.1988/Der Tagesspiegel, West Berlin
Beschreibung	Im Bildmittelpunkt fährt ein riesiger Kreuzer mit der Aufschrift „Perestroika“ (die Sowjetunion) durch das winterliche Eismeer. Dabei macht der Eisbrecher „Ungarn“ dem Kreuzer den Weg frei, in seinem Kielwasser folgt das Schiff „Polen“. Im Bildvordergrund liegen festgefroren die drei Ostblock-Schiffe „Rumänien“, „DDR“ und „Tschechoslowakei“. Sie sind unterschiedlich stark vereist: die „Tschechoslowakei“ nur z. T., die „DDR“ fast vollständig und die „Rumänien“ ist über und über von Eis bedeckt. Hier ist sogar der Schiffsmotor komplett ausgefallen – es steigt im Unterschied zu den anderen Schiffen kein Rauch aus dem Schornstein auf.
Historischer Kontext	• Ungarn: Im Januar 1989 verabschiedet Ungarn als erster Ostblock-Staat ein Gesetz, das die Bildung von Parteien, Gewerkschaften und anderen politischen Vereinigungen zulässt. In der Folge verzichtet die Ungarische Sozialistische Arbeiterpartei auf Druck des innerparteilichen Reformflügels auf ihre in der Verfassung garantierte Führungsrolle in Staat und Gesellschaft. Im Mai beginnt Ungarn mit dem Abbau seiner Grenzanlagen an der österreichisch-ungarischen Grenze. • Rumänien: Der rumänische Diktator Ceaucescu hatte zwar noch 1968 die Niederschlagung des Prager Frühlings scharf verurteilt, entwickelt sich in den folgenden Jahren und Jahrzehnten jedoch immer mehr zum Hardliner. Trotz der Tatsache, dass Rumänien 1989 wirtschaftlich am Ende und seine Bevölkerung völlig verarmt war, lehnt Ceaucescu jeden Reformansatz ab und kritisiert die sowjetische Perestroika. Ceaucescu wird im Dezember 1989 gestürzt und erschossen. • Vgl. auch die Karikaturen 17 und 22
Deutung	Die Reformpolitik nimmt ihren Anfang in Ungarn, Gorbatschows UdSSR folgt dicht auf mit „Perestroika“ (und Glasnost), und auch Polen schlägt einen Reformkurs ein. Die ČSSR und die DDR unter dem Staatsratsvorsitzenden Erich Honecker wollen von politisch-wirtschaftlicher Öffnung jedoch nichts wissen, der kommunistische Hardliner Ceaucescu erst recht nicht. Sie verfolgen eine Politik des Stillstands – die Menschen dort leben weiterhin in einer „politischen Eiszeit“. *Tendenz:* kommentierende Karikatur, die das „politische Tauwetter“ in Teilen Osteuropas begrüßt und den Reformbestrebungen die Unbeweglichkeit und Inhumanität der kommunistischen Regierungen der ČSSR, der DDR und Rumäniens gegenüber stellt.
Didaktisch-methodische Hinweise, Arbeitsanregungen	• Recherche zu den abgebildeten Ländern des Warschauer Pakts • Internet: online-Recherche zu Ceaucescu (und anderen Diktatoren) unter http://www.dictatorofthemonth.com sowie (kritische) Diskussion der Internetseite • Diskussion des karikaturistischen Arsenals und der Effektivität von Karikaturen

Osteuropäischer Geleitzug im Winter 1988/89.

25 Protest und Aufbruch in der DDR

Titel	Oktober 1989
Zeichner	Jean-Francois Batellier
Erscheinungs-datum/-ort	Oktober 1989/Frankreich
Beschreibung	Die Karikatur zeigt eine große Demonstration mit zahlreichen Menschen, die sich um das von einer hohen Mauer umgebene Haus „bei Erich" (Honecker) versammelt haben. Die Protestierenden tragen Schilder u. a. mit folgender Aufschrift: „Deutsche Mark", „Gorbi", „40 Jahre reichen", „Nieder mit der Stasi", „Rechtsstaat", „Eine Wohnung", „Nieder mit der Bürokratie", „Freiheit", „Einheit" und „Mauer weg!" Da das Haus „bei Erich" von einer speziellen „Schallschutz-Mauer" (bruit – Lärm) umgeben ist, scheint es allerdings fraglich, ob die Parolen ihren Adressaten erreichen.
Historischer Kontext	• Umbruch in Osteuropa: vgl. Karikaturen 22 und 24 • Mai 1989: Ungarn beginnt mit dem Abbau seiner Grenzanlagen an der österreichisch-ungarischen Grenze. • Mai 1989: Oppositionelle DDR-Bürgerrechtsgruppen weisen massive Fälschungen bei den Ergebnissen der Kommunalwahlen vom 7. Mai nach. Erste Proteste werden laut, die aber vom SED-Regime durch eine Verhaftungswelle unterdrückt werden. • Juni 1989: Bei den ersten mehr oder weniger freien Wahlen in Polen erzielt das Bürgerkomitee Solidarność einen überwältigenden Sieg über die regierenden Kommunisten. • Oktober 1989: Die Montagsdemonstrationen in der DDR weiten sich zum Massenprotest aus, Hunderttausende gehen auf die Straße. 18. Oktober: Honecker tritt als Staatsratsvorsitzender der DDR sowie als Generalsekretär der SED zurück (Nachfolger: Egon Krenz).
Deutung	Nachdem seit Jahresbeginn bereits tausende Ostdeutsche über Ungarn und die Tschechoslowakei in den Westen geflohen sind, nehmen die Proteste gegen das SED-Regime im Oktober auch innerhalb der DDR stark zu. Die in der Zeichnung thematisierten lautstarken Forderungen der DDR-Bürger nach Freiheit, Rechtsstaat, Pluralismus, Reformen („Perestroika" und „Glasnost") sowie nach Verbesserung der wirtschaftlichen Lage („Mehr Wurst!") sind eigentlich nicht mehr zu überhören. Der Staatsratsvorsitzende Honecker glaubt jedoch weiterhin an den Sozialismus und verschanzt sich hinter einer Schallschutzmauer (Anspielung auf das Grenzregime). *Tendenz:* kommentierende Karikatur. Batellier kritisiert den Starrsinn Honeckers, der die Zeichen der Zeit nicht erkennt (und von einer „chinesischen Lösung" zur Beendigung der Proteste spricht). Gleichzeitig sympathisiert Batellier mit den DDR-Bürgern, deren Forderungen er unterstützt.
Didaktisch-methodische Hinweise, Arbeitsanregungen	• Übersetzen der abgebildeten Forderungen vom Französischen ins Deutsche (in Gruppen) • Karikatur um Sprechblasen ergänzen • Recherche zu den Leipziger Montagsdemonstrationen • Kreatives Schreiben: Verfassen eines Dialoges zwischen Honecker und Krenz zu Ursache und Ausmaß der Proteste sowie zum Umgang mit diesen

STALINISME KAPUTT
ELECTIONS LIBRES
VOYAGER!
DM!
GORBI, A L'AIDE
LIBERTÉ
CHANGEMENT
GLASNOST
PERESTROÏKA
GORBI
RÉFORMES
VITE!
MUR ANTI-BRUITS
CHEZ ERICH
UNITÉ
LIBERTE
MAUER WEG!
A BAS LA BUREAUCRATIE
UN LOGEMENT
PLUS DE SAUCISSES!
ETAT DE DROIT
A BAS LA STASI
DROIT-JUSTICE
PLURALISME
ASSEZ
40 ANS ÇA SUFFIT
SOLIDARITÉ
JF. Batellier
10/89

26 9. November 1989: Das Ende der Geschichte?

Titel	Ohne Titel
Zeichner	Dave Gaskill
Erscheinungs-datum/-ort	10. November 1989/Today, Großbritannien
Beschreibung	Die Karikatur zeigt die in sich zusammengefallene Berliner Mauer. Inmitten der Mauertrümmer und dem niedergetretenen Stacheldraht liegt eine Art Grabstein, dessen Inschrift „Berlin Wall, 20th Aug 1961 – 9th Nov 1989“ lautet. Hinter den teilweise noch im Schatten liegenden Trümmern ist eine riesige aufgehende Sonne erkennbar, deren warme Strahlen die dunklen Wolken rasch verdrängen und die düsteren, kalten Mauerreste bald in helles Licht eintauchen werden.
Historischer Kontext	• Pressekonferenz des Politbüro-Mitglieds Günter Schabowski am Abend des 9. November, der auf Nachfrage eines Journalisten die deutsch-deutsche Grenze unbeabsichtigt für „offen“ erklärt. Schabowskis unbedachte Aussage wird noch am selben Abend in den Medien verbreitet, woraufhin zehntausende DDR-Bürger an die Grenze fahren. • Die Grenzsoldaten sind unsicher, wie sie mit der Situation umgehen sollen, haben keine genauen Anweisungen. Nachdem der Andrang immer größer wird, entscheiden sie sich schließlich, die Grenze zu öffnen. Die Mauer, das Symbol der Teilung Europas und der Welt, ist an diesem Tag gefallen. Der „Wind der Veränderung“ weht durch die Welt und lässt auf eine bessere, freiere Zukunft hoffen.
Deutung	Der 9. November 1989 brachte zwar noch nicht – wie dargestellt – den physischen Fall der Mauer, wohl aber bedeutete die Maueröffnung am Abend dieses Tages den Anfang vom Ende der DDR und in seiner Folge den Untergang des gesamten kommunistischen Machtbereichs in Osteuropa. Mit der Berliner Mauer war *das* Symbol des Kalten Krieges und der Inhumanität des Kommunismus gefallen. Dave Gaskill hat die Bedeutung dieses Vorgangs schon sehr früh sehr klar gesehen. Wie viele andere, nur früher, hoffte er damals mit dem Ende des Systemkonflikts auf eine bessere, positivere Zukunft, wie sie hier durch die aufgehende Sonne symbolisiert wird. *Tendenz:* eher kommentierende Karikatur.
Didaktisch-methodische Hinweise, Arbeitsanregungen	Diskussionsanregungen: • Überprüfung der Daten auf dem Stein: Der Mauerbau begann nicht am 20., sondern am 13. August 1961 • Was bedeutete der Mauerfall für die Menschen in der DDR/Osteuropas? • Diskussion der These Francis Fukuyamas vom „Ende der Geschichte“ • Ist die Welt seit 1989 besser, freier, sicherer geworden?

BERLIN
WALL
20th AUG 1961
9th NOV 1989

V. Die deutsche Wiedervereinigung

27 Der schwierige Weg zur Wiedervereinigung

Titel	Ohne Titel
Zeichner	Walter Hanel
Erscheinungs-datum/-ort	15.2.1990/Frankfurter Allgemeine Zeitung, Bundesrepublik Deutsachland
Beschreibung	Die Karikatur zeigt eine Winterlandschaft. Kanzler Helmut Kohl, der einen mit „Einheit" beschrifteten Skianzug trägt, fährt auf Skiern einen Hang hinab. Zahlreiche eng aufgestellte Slalomstangen, deren jeweilige Spitzen die Köpfe verschiedener Staatsmänner sowie die Symbole der NATO und des Staates Israel krönen, warten darauf, umfahren zu werden.
Historischer Kontext	• 9.11.1989: Fall der Berliner Mauer. Die innerdeutschen Grenzen werden geöffnet. • 28.11.1989: Bundeskanzler Helmut Kohl gibt im deutschen Bundestag überraschend ein „Zehn-Punkte-Programm" für die deutsche Wiedervereinigung bekannt. • Frankreich und Großbritannien: Staatspräsident François Mitterand und Premierministerin Margaret Thatcher haben gegenüber einer deutschen Wiedervereinigung erhebliche Vorbehalte. Die Angst vor einer wirtschaftlichen, politischen und militärischen Dominanz Deutschlands ist in Großbritannien wie auch in Frankreich relativ weit verbreitet. • UdSSR: Michail Gorbatschow ist nicht grundsätzlich gegen die deutsche Wiedervereinigung, betrachtet aber die Mitgliedschaft eines vereinten Deutschlands in der NATO als inakzeptabel. Auch auf den Zwei-Plus-Vier-Gesprächen am 14.2.1990, in denen sich Sieger und Besiegte des Zweiten Weltkriegs über die Zukunft Deutschlands beraten, beharrt Gorbatschow auf seiner Forderung nach einem blockfreien Deutschland. Erst im Sommer gibt Gorbatschow Kohl auf einem Treffen im Kaukasus (gegen finanzielle Zusagen) grünes Licht für die NATO-Mitgliedschaft des wiedervereinigten Landes.
Deutung	Kanzler Helmut Kohl hat mit seinem Zehn-Punkte-Plan das Tor zur Wiedervereinigung der beiden deutschen Staaten aufgestoßen. Eine Einheit Deutschlands wird es aber nicht gegen, sondern nur ***mit*** den Großmächten und den wichtigsten europäischen Partnern geben. Deshalb hat der Kanzler auf seinem Weg noch eine große Zahl von Hürden zu nehmen bzw. Slalomstangen zu umfahren. Nach Ansicht des Zeichners wird es besonders schwierig werden, die Zustimmung Gorbatschows und Mitterands zu bekommen: Frankreich und die UdSSR sind gleich mit zwei Slalomstangen vertreten. Außerdem muss sich Kohl noch das Einverständnis von Premierministerin Thatcher, US-Präsident Bush und Polen holen; und auch die Frage der Mitgliedschaft Deutschlands in der NATO ist noch ungeklärt. Damit ist Kohls schwieriger Slalom immer noch nicht abgeschlossen: Am Ende wartet der Staat Israel als letzte Hürde. *Tendenz:* eher kommentierende Karikatur. Hanel betrachtet die Verhandlungen mit Deutschlands wichtigsten Nachbarn und Partnern als extrem schwierig (vgl. die eng aufgestellten Slalomstangen), scheint dem Kanzler aber durchaus zuzutrauen, dass er die zahlreichen Hürden nimmt.
Didaktisch-methodische Hinweise, Arbeitsanregungen	• Recherche zur Position der einzelnen abgebildeten Staaten zur deutschen Wiedervereinigung • Handlungsorientiertes Arbeiten: Den Slalomstangen durch Sprechblasen eine „Stimme geben"

EINHEIT
UDSSR
PARIS
UDSSR
LONDON
POLEN
PARIS
ISRAEL

28 Israelische Ängste vor der Wiedervereinigung

Titel	„Eines meiner Hobbies: Gelegentlich halte ich den Deutschen meinen Spezial-Spiegel vor!“
Zeichner	Rolf Henn
Erscheinungs-datum/-ort	1.2.1990/Saarbrücker Zeitung, Bundesrepublik Deutschland
Beschreibung	Die Karikatur bildet drei Männer ab: Links der israelische Premierminister Schamir, in der Mitte Helmut Kohl und rechts der deutsche Michel. Schamir hält einen mit Hakenkreuz-Rahmen eingefassten Spiegel in der Hand, auf den jemand einen Hitler-Scheitel und einen Hitler-Schnurrbart gemalt hat. Schamir spricht dazu die Worte: „Eines meiner Hobbies: Gelegentlich halte ich den Deutschen meinen Spezial-Spiegel vor!“ Während Kanzler Kohl erbost/entrüstet blickt, lässt der deutsche Michel betrübt die Schultern sinken und starrt entmutigt zu Boden. Das Schild „Deutschland einig Vaterland“ gleitet ihm dabei fast aus den Händen.
Historischer Kontext	• Widerstände gegen die deutsche Wiedervereinigung: vgl. Karikatur 27 • Januar 1990: Das Thema einer eventuellen Wiedervereinigung Deutschlands wird zum Gegenstand eines scharfen Briefwechsels zwischen Bundeskanzler Helmut Kohl und dem israelischen Ministerpräsidenten Yitzhak Schamir. Schamir warnte mit Verweis auf den Holocausts vor der Wiedervereinigung: „Die große Mehrheit des deutschen Volkes entschied [damals], Millionen des jüdischen Volkes zu töten, und jeder von uns kann sich denken, dass sie, sollten sie wieder die Gelegenheit haben und das stärkste Land in Europa und vielleicht der Welt sein, es wieder versuchen werden.“ • Kohl nahm die Erklärungen Schamirs mit Empörung zur Kenntnis und verwahrte sich gegen einen Vergleich des gegenwärtigen Deutschlands mit der Nazi-Zeit. Der Kanzler betonte, es gebe heute ein anderes, demokratisches Deutschland und pochte auf die Selbstbestimmung des deutschen Volkes.
Deutung	Die Karikatur verdeutlicht, dass neben einzelnen Stimmen aus Frankreich und Großbritannien auch die israelische Regierung starke Vorbehalte gegen ein „größeres Deutschland“ geltend machte. Hintergrund: Der israelische Premier Schamir hatte kurz zuvor in mehreren Fernsehinterviews im Zusammenhang mit der Wiedervereinigung an die nationalsozialistischen Verbrechen und den Holocaust erinnert. Schamir und andere Israelis äußerten die Befürchtung, dass ein wiedervereinigtes, starkes und selbstbewusstes Deutschland erneut eine Bedrohung für die Welt darstellen könnte. Kanzler Kohl ist ob Schamirs Vergleich seiner Person mit der Adolf Hitlers empört, der deutsche Michel aus seiner Euphorie gerissen und verliert an Mut. *Tendenz:* deskriptiv-kommentierende Karikatur; Henn stellt einerseits relativ sachlich richtig die Äußerungen Schamirs dar, kritisiert diese aber gleichzeitig als überzogen und ungerecht.
Didaktisch-methodische Hinweise, Arbeitsanregungen	• Recherche zu den deutsch-israelischen Beziehungen seit 1949 • Diskussion: Inwieweit waren (sind) Schamirs Befürchtungen gerechtfertigt bzw. verständlich?

„Eines meiner Hobbies: Gelegentlich halte ich den Deutschen meinen Spezial-Spiegel vor!"

29 Britische Ängste vor der Wiedervereinigung

Titel	March of the Fourth Reich (Marsch des Vierten Reiches)
Zeichner	Bill Caldwell
Erscheinungs-datum/-ort	1990/Daily Mail, Großbritannien
Beschreibung	Die britische Karikatur ist in sechs Einzelbilder unterteilt. Zunächst wird eine Karte West- und Ost-Deutschlands gezeigt. Im zweiten Bild wachsen beide Staaten dann zusammen und verformen sich in den folgenden Zeichnungen immer mehr (Metamorphose), bis dann im letzten Bild aus dem wiedervereinigten Deutschland ein marschierender (Wehrmachts-)Soldat samt Stahlhelm, Tornister und Gewehr mit aufgepflanztem Bajonett wird. Der Soldat marschiert im Stechschritt nach rechts (Osten). Unterschrieben hat der Zeichner die Karikatur mit „Marsch des Vierten Reiches", was auch als „Marsch in das Vierte Reich" verstanden werden könnte.
Historischer Kontext	• Neben Frankreich, Israel und der UdSSR gab es auch in Großbritannien teilweise erhebliche Vorbehalte gegenüber einer möglichen deutschen Wiedervereinigung. Insbesondere Premierministerin Thatcher sah in diesem Zusammenhang das Gleichgewicht der Mächte (die „Balance of Power") auf dem Kontinent gefährdet, wenn die wiedervereinigten Deutschen mit ihrer, so Thatcher, ohnehin schon übermächtigen Wirtschaft zur dominierenden Nation in Europa werden würden. • Der Zweite Weltkrieg als britisches Trauma: Der Nationalsozialismus nimmt im britischen Geschichtsbewusstsein schon seit längerem breiten Raum ein; eine Tendenz, die durch die neuen Ängste nach 1989 eher noch verstärkt wurde. Eine Untersuchung zeigte jüngst, dass britische Schüler mehr über die Hitlerzeit als über die gesamte eigene Vergangenheit lernen.
Deutung	Viele Briten, u. a. auch Premierministerin Thatcher, hatten Angst vor einem wiedervereinigten Deutschland, weil sie befürchteten, dieses könne zur neuen Hegemonialmacht aufsteigen und damit zur Bedrohung Europas werden. In diesem Zusammenhang wurden Erinnerungen an den Zweiten Weltkrieg lebendig. Der Karikaturist Caldwell legt mit seiner Zeichnung nahe, dass ein erstarktes Deutschland erneut eine Vormachtstellung auf dem europäischen Kontinent anstreben und schon bald wie schon 1939 seine Nachbarn bedrohen (und in Polen einmarschieren) würde. *Tendenz:* agitatorisch-propagandistische Karikatur. Caldwell thematisiert die britischen Ängste vor einem wiedervereinigten Deutschland drastisch bzw. schürt anti-deutsche Ressentiments.
Didaktisch-methodische Hinweise, Arbeitsanregungen	• Diskussion zur Wirkung von Karikaturen: Können Karikaturen Meinungen formen? • Diskussion: Inwieweit waren (sind) Caldwells Befürchtungen gerechtfertigt?

MARCH OF THE FOURTH REICH

30 Wirtschaftliche Dominanz des wiedervereinigten Deutschlands?

Titel	Vroom!! Vrooom!!! (Brumm!! Brumm!!)
Zeichner	Brian Gable
Erscheinungs-datum/-ort	Mai 1990/Globe and Mail, Kanada
Beschreibung	Die Karikatur zeigt drei PKW, die vor einer Ampel stehen. Links sind zwei kleinere Fahrzeuge zu sehen, in die sich mehrere Personen gezwängt haben. Diese schauen erschreckt auf den das Bild dominierenden Mercedes „Deutschland", auf den jemand den Schriftzug „frisch verheiratet" gemalt hat. Am Steuer des Mercedes sitzt, eng an das Lenkrad gepresst und den Blick gespannt nach geradeaus gerichtet, ein etwas dicklicher, bebrillter Mann (eventuell Helmut Kohl bzw. Personifikation eines Deutschen). Neben dem Mann sitzt eine Frau mit Wikingerhelm, Schild und Speer (vermutlich Germania). Sie scheint den Arm um den Mann gelegt haben, auf ihrem Schoß befinden sich Blumen. Obwohl die Ampel noch gelb zeigt, gibt der Fahrer des Mercedes bereits Vollgas.
Historischer Kontext	• Wirtschaftskraft der DDR: Die Wirtschaftskraft DDR wurde – vor allem aufgrund von von der SED gefälschten Statistiken – von vielen Experten im Westen maßlos überschätzt. Nach eigenen Angaben gehörte die DDR zu den größten Volkswirtschaften der Welt – addierte man das Bruttoinlandsprodukt der Bundesrepublik hinzu, hatte man auf dem Papier eine Wirtschaftskraft, die nur von den USA übertroffen wurde. Diese Rechnung bereitete vielen Ländern große Sorgen, vor allem den deutschen Partnern innerhalb der Europäischen Gemeinschaft: Sie befürchteten eine wirtschaftliche und damit in der Folge politische Dominanz der wiedervereinigten Deutschen. • Wirtschaftliche Realität: Die Wirklichkeit sah gänzlich anders aus. Schon bald nach der Wiedervereinigung am 3.10.1990 wurde das ganze Ausmaß der wirtschaftlichen Misere des SED-Staates offenbar. Bis heute sind über 1,5 Billionen € an finanziellen Transfers von West- nach Ostdeutschland geflossen, und trotz dieser ernormen Summe liegt die Arbeitslosigkeit in den „neuen" Bundesländern auch heute noch signifikant über den Werten für Westdeutschland.
Deutung	Im Mai 1990 sind die wesentlichen Weichen hinsichtlich der deutschen Wiedervereinigung gestellt. Aber obwohl die Ampel noch auf gelb – und noch nicht auf grün – ist, rast der riesige Mercedes (Symbol deutscher wirtschaftlicher Stärke und deutschen Wohlstands) zum Staunen und Erschrecken seiner Partner und Freunde bereits jetzt mit Vollgas los. Am Steuer sitzt das frisch vermählte Paar, Germania (Ost) und ihr beleibter Ehemann (West). Die Größe ihres Straßenkreuzers macht die politische und wirtschaftliche Macht des wiedervereinigten Deutschlands deutlich – vor allem, wenn man den Mercedes mit den dreimal kleineren, weniger PS-starken Autos der europäischen Nachbarn vergleicht. *Tendenz:* kommentierende Karikatur. Gable warnt vor einer absehbaren ökonomischen Dominanz der wiedervereinigten Deutschen. Die reichen und mächtigen Deutschen sind seiner Ansicht nach im Begriff, den europäischen Partnern wirtschaftlich „davonzufahren".
Didaktisch-methodische Hinweise, Arbeitsanregungen	• Arbeit mit Statistiken zur DDR-Wirtschaft • Gegenwartsbezug: Untersuchung aktueller west- und ostdeutscher Wirtschaftsdaten; Diskussion zum Stand des „Aufbau Ost"

VROOM!!
VROOOM!!!
JUST MARRIED!
GERMANY
GABLE

31 Die Freude über die Vereinigung ist verflogen – Folgen der DDR-Misswirtschaft

Titel	Die falsche Adresse
Zeichner	Fritz Behrendt
Erscheinungs-datum/-ort	1992/Fritz Behrendts Karikaturen wurden in verschieden Zeitungen in Deutschland, z. T. auch weltweit abgedruckt
Beschreibung	Im Zentrum der Karikatur steht eine demonstrierende Menschenmenge. Die unzufrieden/deprimiert/desillusioniert/apathisch dreinblickenden Männer und Frauen tragen Plakate, u. a. mit der Aufschrift „Protest!", „Wohlstand!", Wir fordern" und „Arbeit!". Ihr Protest richtet sich an den großen Mann im schwarzen Anzug am linken Bildrand (Helmut Kohl). Am rechten unteren Bildrand erkennt man düstere, zerfallene Industrieanlagen, die mit dem Wort „Bankrott" überschrieben sind. Darüber, im Himmel, schweben drei Männer. Der große Mann mit dem Schnauzbart in der Mitte (Stalin) legt den Gestalten links (Walter Ulbricht) und rechts (Erich Honecker) väterlich die Hand auf die Schultern. Die drei blicken im Unterschied zu Kohl und den Demonstranten zufrieden/gutmütig/selbstgefällig/schadenfroh.
Historischer Kontext	• Hinterlassenschaft der DDR: Das ökonomische Erbe der DDR erwies sich als fatal. Die internationale Konkurrenzfähigkeit der DDR-Industrie war Ende der 1980er in praktisch keinem Bereich gegeben. Bereits im Herbst 1990 hatte sich die Industrieproduktion gegenüber 1989 halbiert, ihren tiefsten Stand erreichte sie mit 30 Prozent des Ausgangsniveaus im April 1991. Die Treuhand, die die ehemaligen staatseigenen Betriebe verwaltete, stand vor gigantischen Aufgaben. Sämtliche „Volkseigene Betriebe" (VEB) mussten saniert und privatisiert werden, in der Folge verloren hunderttausende Menschen ihre Arbeitsplätze. • „Aufschwung Ost": Trotz aller Rhetorik vom „Aufschwung Ost" hinkt der Osten dem Westen in puncto Arbeitsproduktivität und Wachstum heute immer weiter hinterher. Ungeachtet dessen hat der reale Lebensstandard im Osten mittlerweile 90 Prozent des West-Niveaus erreicht, trotz einer fast doppelt so hohen Arbeitslosigkeit, die seit Jahren ungebrochen bei fast 20 Prozent liegt. Abgesehen von einigen wenigen dynamischen Regionen, die eine vergleichsweise niedrige Arbeitslosenquote von um die zehn Prozent aufweisen, führt(e) diese Perspektivlosigkeit zu großer Unzufriedenheit (vgl. auch die Wahlerfolge der PDS/Die Linke) und zu einem bisher nur leicht gebremsten Wegzug vor allem junger Menschen aus dem Osten.
Deutung	Auf die Euphorie der Einheit folgte schon bald Ernüchterung: Statt Deutschlands ökonomische Stärke zu vergrößern, wurde die Wiedervereinigung ein wirtschaftliches Zuschussgeschäft: Die Wachstumsraten stagnierten, die Staatsverschuldung stieg massiv an. Und trotz der enormen Transferzahlungen, die bis heute andauern, konnten die hohen Erwartungen vieler Ostdeutscher bisher nicht erfüllt werden. Wie sich schon kurz nach der Wiedervereinigung zeigte, war die DDR-Wirtschaft nicht konkurrenzfähig; die meisten Staatsbetriebe mussten von der Treuhand abgewickelt werden, Hunderttausende verloren ihre Arbeit. Bis heute ist die Arbeitslosigkeit im Osten ungefähr doppelt so hoch wie im Westen. Die Regierung Kohl sah sich in der Folge massiver Proteste seitens der enttäuschten Neu-Bundesbürger ausgesetzt. *Tendenz:* kommentierende Karikatur. Der Zeichner Fritz Behrendt erinnert daran, wem die wirtschaftliche Misere tatsächlich anzulasten sei: Ulbricht, Stalin und Honecker bzw. dem ineffektiven sozialistischen Wirtschaftssystem (Planwirtschaft).
Didaktisch-methodische Hinweise, Arbeitsanregungen	• Arbeit mit Statistiken zur wirtschaftlichen Situation in West- und Ostdeutschland zwischen 1989 und heute • Diskussion (Gegenwartsbezug): „Wie ist das wirtschaftliche Hinterherhinken Ostdeutschlands heute – über 20 Jahre nach der Wende – zu erklären?"; „Wie steht es heute um die ‚innere Einheit'?"

Die falsche Adresse

VI. Schöne neue Welt? Globale Entwicklungen von 1989/90 bis heute

32 Bilanz des Kommunismus

Titel	Nur Trümmerhaufen bleiben
Zeichner	Fritz Behrendt
Erscheinungs-datum/-ort	1990?/Fritz Behrendts Karikaturen wurden in verschieden Zeitungen in Deutschland, z. T. auch weltweit abgedruckt
Beschreibung	Vor einer riesigen, dunklen und bedrückenden Trümmerlandschaft sitzt, den Kopf nachdenklich auf den Arm gestützt, ein schwarz gekleideter Mann mit weißem Bart (Karl Marx). Marx sitzt auf einem Brocken „DDR" (ein Mauerstück?). Auf den Häuser- und Industrieruinen im Hintergrund ist „Kronstadt", „Katyn", Berlin 1953", „Stalinismus", „Ungarn 1956", Prag 1968", „Polen" und „Afghanistan" zu lesen. Noch am besten erhalten scheint ein „Gulag" beschrifteter Wachturm zu sein; rechts davon hängt eine zerfetzte sowjetische Fahne herunter. Insgesamt wirkt das Bild sehr düster und bedrückend.
Historischer Kontext	• Ende des Marxismus-Leninismus in Mittel- und Osteuropa 1989, Untergang der Sowjetunion 1991. • Karl Marx: 1848 veröffentlicht Marx das „Kommunistische Manifest"; seine Ideen wurden erstmals nach 1917 im Zuge der russischen Oktoberrevolution in die politische Praxis umgesetzt. Seit 1989/91 bekennen sich nur noch wenige Länder zum Kommunismus (Kuba, China, Nordkorea, Vietnam). • Bilanz des Kommunismus: Die wirtschaftliche wie auch die politisch-moralische Bilanz des Marxismus-Leninismus ist verheerend (vgl. etwa die Zwangskollektivierung der Landwirtschaft unter Stalin, Maos „Großen Sprung nach vorn" oder die ostdeutsche Mangelwirtschaft). • „Kronstadt": 1921 kam es in Kronstadt bei Petrograd (dem heutigen St. Petersburg) zu einem Aufstand von Matrosen gegen die bolschewistische Regierung. Lenin ließ die Proteste, die sich gegen die schlechte Versorgungslage und die diktatorische Herrschaft der Kommunisten richteten, brutal niederschlagen. Das Ereignis zeigt, dass das sowjetische System nicht erst unter Stalin zu einer grausamen Diktatur degenerierte, sondern dass diese Entwicklung von Anfang an angelegt war.
Deutung	Karl Marx, der Begründer und wichtigste Theoretiker des Kommunismus, sitzt fassungslos vor dem Ergebnis des „real existierenden Sozialismus": Lager, Wachtürme, heruntergekommene Gebäude und stillgelegte Fabriken. Seine Vorstellung, durch eine Diktatur des Proletariats eine bessere Welt zu schaffen, ist auf ganzer Linie gescheitert. Wirtschaftlich war die sozialistische Idee spätestens seit den 1980er Jahren am Ende, politisch-moralisch schon viel früher, wie die vielen, zumeist blutig niedergeschlagenen Aufstände in Mittel- und Osteuropa immer wieder gezeigt haben und wie nicht zuletzt der Bau der Mauer, das Einsperren eines ganzen Volkes in ein riesiges Gefängnis, offensichtlich machte. *Tendenz:* kommentierende Karikatur; Behrendt rechnet schonungslos mit dem Kommunismus ab. Auch wenn er vor allem den Stalinismus kritisiert, sieht er den Marxismus-Leninismus schon viel früher, praktisch von Anfang an als gescheitert an (vgl. „Kronstadt" 1921).
Didaktisch-methodische Hinweise, Arbeitsanregungen	• Anlegen einer Tabelle: Recherche und Erläuterung der in der Karikatur thematisierten Ereignisse und Begriffe • Diskussion: „Ist der Kommunismus eine gute Idee, die nur schlecht umgesetzt wurde?" • Gegenwartsbezug: „Die kapitalistische Wirtschaftsform wird gerade in letzter Zeit von vielen Seiten kritisiert. Gibt es eine Alternative zur Marktwirtschaft?"

Nur Trümmerhaufen bleiben

33 Die NATO: Sieger im Kalten Krieg

Titel	Ungemütliche Lovestory
Zeichner	Horst Haitzinger
Erscheinungs-datum/-ort	10. Januar 1994/Horst Haitzingers Karikaturen wurden in verschieden regionalen Zeitungen in Deutschland, z. T. auch weltweit abgedruckt
Beschreibung	Zwei Personen sitzen gemeinsam wie zwei schüchterne Verliebte auf einer Bank. Rechts sieht man eine große Bärin mit Kopftuch, deren Rock geflickt ist; links eine amazonenhafte Frau (bzw. ein femininer Mann) in Rüstung, die mit Schwert und Handtasche (Symbol für Geld) „bewaffnet" ist. Ihre Brust zieren zwei große Sterne (Symbol der NATO) sowie der Schriftzug „NATO". Die Amazone wird umgarnt von sieben kleinen Männern, die u. a. mit „Slow(enien)", „Ung(arn)", „Tschech(ien)", „Polen" und „Balt(ikum)" beschriftet sind. Auch die Kleidung der kleinen Männchen weist zahlreiche Flicken auf, einer sitzt im Rollstuhl, ein anderer stützt sich auf eine Krücke (Symbol für Armut und wirtschaftliche Schwäche). Die sieben machen der Amazone Avancen, überreichen ihr Blumen und singen Liebeslieder, worauf die Frau erstaunt/verstört/genervt reagiert, während die isolierte Bärin sich äußerlich nach rechts abwendet, aber dennoch aus den Augenwinkeln aufmerksam nach links schielt.
Historischer Kontext	• Epochenjahr 1989, Wende in Mittel- und Osteuropa • Untergang der Sowjetunion, Auflösung des Warschauer Pakts • Mittel- und osteuropäische Staaten beantragen die Aufnahme in die NATO • NATO-Osterweiterung: 1999 treten Polen, Tschechien und Ungarn der NATO bei, 2004 werden die drei baltischen Staaten, Bulgarien, Rumänien, Slowenien und die Slowakei aufgenommen. • Heute zeigen sich u. a. Georgien, Kroatien und die Ukraine an einem Beitritt zur NATO interessiert
Deutung	Nach dem Ende des Kalten Krieges hoffte die Welt auf eine Annäherung zwischen den westlichen NATO-Staaten und Russland. Das verarmte, aber bis an die Zähne bewaffnete Land (vgl. die mächtigen Pranken und Krallen der Bärin) hatte einerseits wirtschaftliche Hilfe dringend nötig, auf der anderen Seite war dem Westen an weiterer Entspannung und Zusammenarbeit u. a. bei der Verhinderung der Proliferation (Weiterverbreitung) von Massenvernichtungswaffen aus ehemals sowjetischen Beständen gelegen. Diese sich anbahnende „Lovestory" wird jedoch durch die NATO-Aufnahmegesuche der mittel- und osteuropäischen Staaten, die sich von dem Militärbündnis Schutz (vor Russland) sowie finanzielle Hilfen zur Modernisierung ihrer Streitkräfte erhoffen, erheblich gestört. Die Avancen erfüllen dabei sowohl den Westen als auch Russland mit Unbehagen: Die NATO ist unsicher, wie sie auf die Beitrittsbegehren reagieren soll, Russland empfindet eine Aufnahme der ehemaligen Warschauer Pakt-Staaten als Affront. *Tendenz:* deskriptive Karikatur; Haitzinger enthält sich eines Kommentars zum Umgang mit den Beitrittsgesuchen. Er prophezeit jedoch richtig, dass die NATO den Umgarnungen der ehemaligen sowjetischen Satelliten kaum widerstehen kann – eine Liebesbeziehung zwischen zwei Frauen ist eben doch eher die Ausnahme und daher unwahrscheinlich.
Didaktisch-methodische Hinweise, Arbeitsanregungen	• Die Karikatur verändern: Einzeichnen von Denk- und Sprechblasen • Anfertigen einer Zeitleiste zur Geschichte der NATO • Gegenwartsbezug: Ist eine weitere Erweiterung der NATO (Georgien, Ukraine etc.) sinnvoll? Wie wichtig ist das Militärbündnis heute noch?

Ungemütliche Lovestory

34 Proliferation von Massenvernichtungswaffen – die neue Gefahr nach Ende des Kalten Krieges?

Titel	Arms Control Proposals On Table (Abrüstungsvorschläge auf dem Tisch)
Zeichner	Herblock (Herbert L. Block)
Erscheinungs-datum/-ort	1987/Washington Post, USA
Beschreibung	Die Karikatur zeigt einen großen Tisch, auf dem ein Papier oder eine Zeitung mit dem Titel „Abrüstungsvorschläge auf dem Tisch" liegt. Unter der Überschrift finden sich zwei Spalten, von denen eine „USA" und die andere „UdSSR" überschrieben ist. Um den Tisch sitzt niemand, aber unter dem Möbelstück herrscht reges Treiben: Hier schrauben vier kleine Kinder eifrig an mehreren (Atom!)Raketen herum. Neben den Jungs liegt eine Kiste mit der Aufschrift „Mach' es selbst – Nuklear-Bausatz", ein Bild auf dem Deckel der Kiste zeigt einen Atompilz.
Historischer Kontext	• Nicht-Verbreitungsvertrag: Der Atomwaffensperrvertrag (englisch: Non-Proliferation Treaty) wurde 1968 von den USA, der Sowjetunion und Großbritannien unterzeichnet und trat 1970 in Kraft. Ihm gehören heute fast alle Staaten der Erde an. Der Vertrag verpflichtet die teilnehmenden Kernwaffenstaaten auf das Ziel der vollständigen nuklearen Abrüstung; im Gegenzug erklären die Nichtkernwaffenstaaten einen umfassenden Nuklearwaffenverzicht. Darüber hinaus wurde die Zusammenarbeit aller Vertragsparteien bei der friedlichen Nutzung der Kernenergie vereinbart. • Abrüstungsabkommen: START I und II (vgl. Karikaturen 18 und 19) • Proliferation (Weiterverbreitung): Ursprünglich beschränkte sich die Zahl der Atommächte auf die fünf ständigen Mitglieder im UNO-Sicherheitsrat, aber seit den 1970er Jahren strebten immer mehr Staaten nach Massenvernichtungswaffen, u. a. Israel, Südafrika, Irak, Pakistan, Indien und aktuell Nordkorea und Iran.
Deutung	Während die Supermächte USA und UdSSR über nukleare Abrüstung sowie die Nicht-Verbreitung von Massenvernichtungswaffen verhandeln und erste Vorschläge hierzu bereits „auf dem Tisch liegen", scheint die wahre Gefahr von kleineren Staaten auszugehen, die heimlich nach der Atombombe und modernster Raketentechnik streben. So war zum Zeitpunkt der Karikatur seit längerem bekannt, dass u. a. Israel, Südafrika und der Irak an Nuklearwaffen forschten bzw. bereits über diese Waffen verfügten (Israel). *Tendenz:* kommentierende Karikatur. Herblock warnt vor der zunehmenden Verbreitung von Massenvernichtungswaffen und den daraus resultierenden Gefahren (vgl. die fanatischen, unverantwortlich handelnden Kinder). Gleichzeitig kritisiert er aber auch die Supermächte, die ihre Arbeit schon getan (den Tisch verlassen) haben und die neue Bedrohung ignorieren.
Didaktisch-methodische Hinweise, Arbeitsanregungen	• Recherche zur Geschichte der Atombombe • Kartenarbeit: Einzeichnen von Staaten, die bereits über Nuklearwaffen verfügen sowie möglicher Konfliktherde • Gegenwartsbezug: Diskussion der Frage „Hat der Iran ein Recht auf die Atombombe?"

ARMS CONTROL PROPOSALS ON TABLE
U.S.
U.S.S.R.
Do-It-Yourself Nuclear Kit
SMALLER COUNTRIES
©1987 HERBLOCK

35 Völkermord in Europa – der Jugoslawienkrieg und die Rolle der UNO

Titel	Ehne, Mehne, Muh ...
Zeichner	Nik Ebert
Erscheinungs-datum/-ort	1992/Rheinische Post, Deutschland
Beschreibung	Die Karikatur zeigt ein brennendes Haus, das mit „Bosnien" beschriftet ist. In den Fenstern des Hauses ist eine große Zahl von Menschen (Kindern?) zu erkennen, die verzweifelt um Hilfe rufen. Sie sind von Flammen umschlungen, das Dach des Hauses ist bereits eingestürzt, der große Brand führt zu enormer Rauchentwicklung. Der Schutt vor dem Gebäude deutet zudem darauf hin, dass die benachbarten Häuser bereits durch das Feuer oder eine andere Katastrophe zerstört worden sind. Im Bildvordergrund sieht man drei Engel (EG, NATO, UNO), die mit dem Finger aufeinander zeigen und das Kinderspiel „Ehne, Mehne, Muh" spielen.
Historischer Kontext	• 1991: Nach Unabhängigkeitserklärungen der jugoslawischen Teilrepubliken Slowenien und Kroatien kommt es in den neu entstandenen Staaten zu bewaffneten Auseinandersetzungen mit dem jugoslawischen Bundesheer. Der Jugoslawienkrieg beginnt. • Jugoslawienkrieg: Besonders heftig umkämpft war das 1992 von der Europäischen Gemeinschaft als souveräner Staat anerkannte Bosnien-Herzegowina. In der ethnisch dreigeteilten Region – sowohl Serben, Kroaten wie auch Bosnier leben hier – kam es dabei zu Massenvergewaltigungen und grauenhaften Massakern. Diesem ersten Völkermord in Europa seit dem Zweiten Weltkrieg fielen vor allem muslimische Bosnier zum Opfer. • Konfliktbeilegung: EG, NATO und UNO zeigten sich jahrelang hilflos und konnten den sich unter den Augen der internationalen Öffentlichkeit abspielenden Genozid nicht stoppen. Erst den Amerikanern gelang es 1995 mit dem Friedensvertrag von Dayton, die Kampfhandlungen (vorerst) zu beenden. Insgesamt kamen schätzungsweise 250 000 Menschen während des Krieges um, hunderttausende Flüchtlinge flohen in Nachbarländer und u. a. auch nach Deutschland.
Deutung	Ebert thematisiert in seiner Karikatur die Hilflosigkeit und Untätigkeit von Europäischer Gemeinschaft, NATO und UNO, die sich allesamt unfähig zeigen, dem Morden auf dem Balkan Einhalt zu gebieten. Diplomatischer Druck der Europäer und Amerikaner brachte nicht den gewünschten Erfolg, vor militärischem Eingreifen schrecken sie zurück. Die „Friedensengel" bzw. „Schutzengel" schieben sich gegenseitig die Verantwortung zu und sehen dem Genozid, dem hunderttausende unschuldige Zivilisten zum Opfer fielen, tatenlos zu. *Tendenz:* kommentierende Karikatur. Ebert zeigt drastisch den Genozid, der sich vor den Toren der Europäischen Gemeinschaft abspielt. Seine Zeichnung ist als drastisches Plädoyer für ein Eingreifen von EG, NATO und/oder UNO zu verstehen, um dem Massenmord in Bosnien endlich ein Ende zu bereiten.
Didaktisch-methodische Hinweise, Arbeitsanregungen	• Recherche: Welche Mittel zur Konfliktregelung haben EU, NATO, UNO? • Diskussion: Militärische Intervention zur Verhinderung von Völkermord? • Vergleich der dargestellten Situation mit dem Kosovo-Krieg 1999 (damals wurde die NATO für ihr militärisches Eingreifen scharf kritisiert)

Ehne, Mehne, Muh..."

36 Nie wieder Krieg! – Lernen aus der Geschichte?

Titel	Ohne Titel
Zeichner	Fritz Behrendt
Erscheinungs-datum/-ort	1996/Fritz Behrendts Karikaturen wurden in verschieden Zeitungen in Deutschland, z. T. auch weltweit abgedruckt
Beschreibung	Die Karikatur besteht aus zwei Bildteilen. Im oberen Bild sieht man die Ruinen, Gräber, Stacheldraht und die Wachtürme eines sowjetischen Gulags bzw. eines Konzentrationslagers der Nationalsozialisten, aus denen ein überdimensionaler Mensch herausragt. Der Mann formt das Victory-Zeichen, auf seinem abgerissenen Hemd steht „Nie wieder Krieg". Demgegenüber sieht man im unteren Teil der Karikatur zahlreiche kleine Gruppen von je zwei bis drei Menschen, die sich gegenseitig bedrohen, bekämpfen, bekriegen, aufeinander einschlagen. Hierbei ist jeder Gruppe ein Land zugeordnet, z. B. Vietnam, Angola, Kambodscha, Nicaragua, Korea usw.
Historischer Kontext und Deutung	Der Zweite Weltkrieg war mit ca. 55 Millionen Opfern der blutigste Konflikt, den die Welt bisher gesehen hat. Eigentlich sollte man denken, dass die Menschen aus dieser Katastrophe gelernt haben – und einige hoffnungsvolle Ansätze zu einer positiveren Entwicklung der Welt gab es ja auch: Der Nationalsozialismus wurde besiegt, die Menschen aus den Konzentrationslagern befreit, die Vereinten Nationen zur friedlichen Regelung von zwischenstaatlichen Konflikten gegründet. Leider aber sind Krieg und Gewalt bis heute nicht gebannt; viele der von Behrendt thematisierten Konflikte sind immer noch aktuell. So herrscht u. a. in Afghanistan seit dem Einmarsch der Sowjetunion 1979 praktisch ununterbrochen (Bürger-)Krieg; Iran und Irak bekämpften sich im ersten Golfkrieg 1980-88 auf das Blutigste (für den Irak folgte 1990 der 2. und 2003 der 3. Golfkrieg); in Somalia herrscht ebenfalls seit über zwanzig Jahren Bürgerkrieg. Im Zentrum der Zeichnung Behrendts stehen der Jugoslawienkrieg („Bosnien"), in dem Kroaten und Serben das weitgehend muslimische Bosnien unter sich aufteilten und schwere Menschenrechtsverletzungen begingen, sowie der russische Krieg gegen Tschetschenien. Diese beiden Kriege bestimmten zum Zeitpunkt der Veröffentlichung die europäische Außenpolitik und die Medienberichte, während die Welt den Konflikten dort und anderswo weitgehend hilflos zusah. *Tendenz:* kommentierende Karikatur. Behrendt zeigt recht pessimistisch, dass Krieg und Gewalt heute noch immer gegenwärtig sind bzw. seit Ende des Zweiten Weltkrieges sogar noch zugenommen haben. Indirekt appelliert er an den Betrachter, das 1945 formulierte Ziel einer friedlicheren Welt nicht aus den Augen zu verlieren.
Didaktisch-methodische Hinweise, Arbeitsanregungen	• Sich über zwei der dargestellten Konflikte (Kurzvortrag) informieren • Diskussion: „Warum hat der Mensch aus den Weltkriegen nicht gelernt?", „Kann es eine Welt ohne Krieg geben?" • Dargestellte Konfliktherde in eine Weltkarte einzeichnen. Das Ergebnis besprechen

NIE WIEDER KRIEG
1945
EL SALVADOR
LIBANON
ERITREA
NAMIBIA
ANGOLA
VIETNAM
W.-SAHARA
KAMBODSCHA
BOSNIEN
RUANDA
NICARAGUA
IRAK IRAN
UGANDA
KOREA
SOMALIA
AFGHANISTAN
NORD-IRLAND
TSCHETSCHENIEN
F. Behrendt

37 Religiöser Fundamentalismus – der Konflikt des 21. Jahrhunderts?

Titel	Der Fundamentalismus lebt!
Zeichner	Fritz Behrendt
Erscheinungs-datum/-ort	1995?/Fritz Behrendts Karikaturen wurden in verschieden Zeitungen in Deutschland, z. T. auch weltweit abgedruckt
Beschreibung	Behrendts Karikatur ist in sechs Einzelbilder unterteilt. Während das erste Bild einen europäischen Ritter des Mittelalters zeigt, der ein blutiges Schwert und einen abgeschlagenen Kopf in den Händen hält, wird der Kreuzritter im zweiten Bild durch einen muslimischen Krieger mit Vollbart und Turban ersetzt, der wiederum einen vermutlich christlichen Kopf hochhält. Bild drei zeigt einen betenden Priester vor einem Scheiterhaufen; Bild vier einen islamischen Geistlichen neben einem gehenkten Menschen; Bild fünf einen schwer bewaffneten Serben sowie eine brennende Moschee samt Minarett; Bild sechs einen vermummten Terroristen mit Palästinensertuch und Sprengstoff, hinter dem jungen Mann werden Menschen in die Luft gesprengt. Jedes der einzelnen Bilder ist mit einer kurzen Bildunterschrift unterlegt; der Titel der Karikatur lautet „Der Fundamentalismus lebt!“
Historischer Kontext und Deutung	Deutung der einzelnen Bilder: 1. Der Kreuzritter spielt auf die Kreuzzüge, die blutigen Feldzüge europäischer Christen zur Befreiung der Heiligen Städte von den „ungläubigen Muslimen“ an. 2. Der zähnefletschende muslimische Kämpfer verweist auf die gewaltsamen Eroberungsfeldzüge, die vor allem im Mittelalter im Namen des Islams geführt wurden. 3. Darstellung der Verbrennung von Häretikern (Ketzern) und angeblichen „Hexen“ durch die katholische Kirche im Mittelalter. 4. Verweis auf die Errichtung eines Gottesstaates im Iran durch Ayatollah Khomeini im Rahmen der „Islamischen Revolution“ 1979. 5. Kommentar zum von serbisch-orthodoxen Nationalisten angeheizten Jugoslawienkrieg der 1990er Jahre, der sich vor allem auch gegen bosnische Muslime richtete. 6. Darstellung eines islamistischen Terroristen, der das Töten von Menschen durch Bombenanschläge mit dem Verweis auf den Koran rechtfertigt. *Tendenz:* kommentierende Karikatur. Behrendt verurteilt mit seiner Zeichnung und seinen Kommentaren die Gewalt, die von christlichen, muslimischen und orthodoxen Fundamentalisten ausgeht und kritisiert den Missbrauch der Religionen für politische Zwecke.
Didaktisch-methodische Hinweise, Arbeitsanregungen	• Definition: Was ist Fundamentalismus? • Recherche: Suche nach weiteren Informationen zu einem der Bilder • Einbettung des gegenwärtigen islamischen Terrorismus in den historischen Kontext • Diskussion: „Wäre die Welt ohne Religion friedlicher?“

Der Fundamentalismus lebt!

38 Konfrontation zwischen Orient und Okzident – Der Karikaturenstreit (I)

Titel	Cartoonist Nightmare (Alptraum des Karikaturisten)
Zeichner	Mike Luckovich
Erscheinungs-datum/-ort	9. Februar 2006/Atlanta Journal-Constitution, USA
Beschreibung	Die Karikatur zeigt einen Zeichner (Karikaturisten), der an seinem Zeichenbrett sitzt. Dieser dreht sich erstaunt/verwundert um, als ihm ein hinter ihm stehender glatzköpfiger Mann (Chefredakteur?) nüchtern eröffnet: „Darf ich Ihnen Ihren neuen Herausgeber vorstellen..." Der bebrillte Chefredakteur mit Schlips hält dabei gelassen eine dampfende Kaffeetasse in der rechten Hand (auf dieser ist ein Smiley abgebildet), mit der linken verweist er auf den Mann ganz rechts, einen bärtigen, Turban und ein langes Gewand tragenden Mann, der ein Krummschwert in der Hand trägt und düster dreinblickt.
Historischer Kontext	• Mohammed-Karikaturen: Im September 2005 rief die Redaktion der dänischen Zeitung „Jyllands-Posten". dazu auf, Karikaturen zum Propheten Mohammed einzureichen. Mit dieser Aktion wolle man herausfinden, was im heutigen Dänemark stärker sei: die Meinungsfreiheit oder die Angst vor militanten Moslems. Bald darauf veröffentlichte „Jyllands-Posten" insgesamt zwölf Karikaturen, die Mohammed und den Islam karikierten. Die stark zugespitzten, provokanten Zeichnungen verfehlten ihre Wirkung nicht. Es kam zu ersten Unmutsäußerungen dänischer Muslime, die Redaktion von „Jyllands-Posten" erhielt Morddrohungen, und mehrere muslimische Länder legten offiziellen Protest gegen die Veröffentlichung ein. • Eskalation: Zu eskalieren begann die Situation aber erst im Februar 2006. Nun kam es in der gesamten islamischen Welt zu Massenprotesten, gewaltsamen Ausschreitungen und schweren Verstimmungen zwischen westlichen und arabisch-muslimischen Politikern. Der Streit um einige Karikaturen, die vier Monate zuvor in dem kleinen Dänemark veröffentlicht worden waren, hatte sich zu einem wahren Flächenbrand entwickelt. Vier Jahre später, am 1. Januar 2010 entging einer der Karikaturisten nur knapp einem Mordanschlag eines radikalen Islamisten. • Die Publikation der Mohammed-Karikaturen wurde auch im Westen kontrovers beurteilt. Während die Befürworter die Veröffentlichung durch das Recht auf freie Meinungsäußerung und die Pressefreiheit gedeckt sahen, kritisierten Gegner diese als gezielte, bewusst verletzende Beleidigung einer bestimmten religiösen Gruppe.
Deutung	Luckovich nimmt in seiner Karikatur dezidiert Stellung zum Streit um die Mohammed-Karikaturen. Indem er in seiner Zeichnung einen islamischen Fundamentalisten mit langem Bart, Turban und Krummsäbel zum Vorgesetzten des Karikaturisten macht, warnt Luckovich drastisch vor einer Zensur kritischer (graphischer) Kommentare. *Tendenz:* kommentierende Karikatur. Luckovich sieht infolge der Kritik an der Veröffentlichung der Karikaturen die Pressefreiheit und das Recht auf freie Meinungsäußerung gefährdet. Dabei kritisiert er nicht nur die islamischen Fundamentalisten, sondern vor allem die westliche Gleichgültigkeit (vgl. den emotionslosen Chefredakteur) gegenüber einer auf Selbstzensur hinauslaufenden Einschränkung der Meinungsfreiheit.
Didaktisch-methodische Hinweise, Arbeitsanregungen	• Analyse der ursprünglichen, in „Jyllands-Posten" veröffentlichten Mohammed-Karikaturen [leicht im Netz zu finden] • Diskussion: „Die Mohammed-Karikaturen – Verteidigung des Rechts auf freie Meinungsäußerung oder inakzeptable Verletzung religiöser Gefühle?" • Vergleich mit der kontrastiven Parallelkarikatur 39

CARTOONIST NIGHTMARE
MEET YOUR NEW EDITOR...
MIKE LUCKOVICH ATLANTA JOURNAL-CONSTITUTION

39 Konfrontation zwischen Orient und Okzident – Der Karikaturenstreit (II)

Titel	Ohne Titel
Zeichner	Unbekannt
Erscheinungs-datum/-ort	2006/Jordanien
Beschreibung	Die Karikatur gliedert sich in drei einzelne Bilder. Alle zeigen jeweils einen blonden Mann im Anzug, der an einem großen Schreibtisch sitzt. Auf dem Tisch ist eine dänische Fahne aufgestellt. In den drei Bildern sind jeweils zusätzlich noch mehrere kleinere Bilder untergebracht. So ist in Bild eins die Zeichnung eines Schwarzen zu sehen, der mithilfe einer an einen Clown erinnernden Fliege lächerlich gemacht wurde. Mit dem zornigen Ausspruch „Das ist Rassismus" streicht der blonde Mann die Zeichnung des Schwarzen durch. Bild zwei lässt ein Blatt Papier mit Hakenkreuz, Gleichzeichen und Davidstern erkennen. Diese Gleichsetzung der nationalsozialistischen mit der israelischen Politik lässt der Däne nicht zu und streicht das Bild verärgert mit der Bemerkung „Das ist antisemitisch" durch. Mit dem unteren Bild kommen dann einige der bekanntesten Mohammed-Karikaturen ins Blickfeld. Die Porträts des Propheten sind jeweils mit einem „Richtig-Haken" versehen. Der nun sichtlich besser gelaunte Däne verkündet dazu: „Und das ist FREIE MEINUNGSÄUSSERUNG".
Historischer Kontext	vgl. Karikatur 38
Deutung	Die vorliegende Karikatur zeigt eine islamische Perzeption der Mohammed-Karikaturen. Der jordanische Karikaturist kritisiert die angebliche Doppelmoral des Westens. Auf der einen Seite verurteile man dort die Beleidigung und Lächerlichmachung Schwarzer als Rassismus und stempele jede Kritik an Israel als antisemitisch ab. Die Veröffentlichung der Mohammed-Karikaturen, die nach Ansicht des Zeichners ebenso beleidigend wie rassistische Witze oder die Gleichsetzung der israelischen mit der nationalsozialistischen Politik sind, werde jedoch im Namen der Meinungsfreiheit geduldet bzw. sogar begrüßt. *Tendenz:* kommentierende Karikatur. Der Zeichner kritisiert den Westen scharf, wirft ihm Heuchelei und Doppelmoral vor.
Didaktisch-methodische Hinweise, Arbeitsanregungen	• Vergleich mit der kontrastiven Parallelkarikatur 38. • Diskussion: „Die Mohammed-Karikaturen – Verteidigung des Rechts auf freie Meinungsäußerung oder inakzeptable Verletzung religiöser Gefühle?" (bzw. „Inwiefern hat sich eure Sicht auf die Kontroverse durch die Behandlung der vorliegenden Karikatur geändert?") • Recherche zum Stand der aktuellen Beziehungen zwischen Orient und Okzident

Jyllands-
This is RACISM
Jyllands-
This is ANTISEMITIC
Jyllands-Posten
& This is .. FREEDOM OF EXPRESSION
PROPHET MOHAMMAD CARTOONS

40 China – die Supermacht der Zukunft?

Titel	China: Träumen erlaubt ...
Zeichner	Hans Geisen
Erscheinungs-datum/-ort	1981?/Basler Zeitung, Schweiz
Beschreibung	Die Karikatur ist in insgesamt sechs Einzelbilder unterteilt. Bild 1 zeigt einen bettelnden, zerlumpten und hungernden Chinesen im Jahr 1945. Bild 2 (1960) zeigt einen kräftigen Chinesen in Sandalen und Schirmmütze, der zwei große Säcke mithilfe eines über die Schulter gelegten Stockes trägt. Im dritten Bild (1981) fährt ein Chinese Fahrrad, auf seinem Gepäckträger sind mehrere Pakete festgezurrt. Der Mann wirkt nun gut gelaunt. Die nächsten drei Bilder zeigen jeweils einen motorisierten und lächelnden Chinesen: 1995 fährt er eine Art Moped, der Stapel Pakete auf dem Gepäckträger ist noch höher geworden, 2050 ein modernes Motorrad und 2500 einen PKW. Auf dem letzten Bild sieht der Chinese mit Basecap und Zigarre eher wie ein Amerikaner aus, auch die Frau an seiner Seite mutet modern und gut situiert an.
Historischer Kontext	• Vorgeschichte: China war jahrhundertelang die wohl größte Kulturnation der Erde, viele wichtige Entdeckungen und Erfindungen (Pulver, Papier etc.) stammen von dort. Mit dem Aufstieg Europas ging dann der Niedergang des „Reiches der Mitte" einher, seit den Opium-Kriegen 1840 und spätestens seit der Aufteilung Chinas durch die imperialistischen Mächten Ende des 19. Jahrhunderts taumelte das Land von einer Katastrophe in die nächste und fiel auf den Stand eines bettelarmen Entwicklungslandes zurück. • Volksrepublik China: Nach einer langen Zeit des Bürgerkrieges errangen die Kommunisten unter Mao Tse-tung 1949 die Macht. Mao machte sich bald – ebenso wie Stalin in der UdSSR – an die rücksichtslose Modernisierung des Landes. Aufgrund zahlreicher Rückschläge und Millionen von Opfern (vgl. den „Großen Sprung nach vorn" und die Kulturrevolution) kann man aber nicht wirklich von einem Erfolg sprechen. • Wirtschaftliche Öffnung unter Deng Xiaoping: Dieser, ehemals ein alter Weggefährte Maos, plädierte angesichts der immer noch düsteren wirtschaftlichen Lage schon früh für einen pragmatischen Kurs. Nach Maos Tod war Deng Chinas starker Mann und die treibende Kraft hinter der nun beginnenden ökonomischen Liberalisierung. Diese zeigte schon bald Früchte: Seit den 1980er Jahren weist Chinas Bruttoinlandsprodukt (BIP) jährliche Wachstumsraten von rund 10 Prozent auf. Das Land ist heute der größte Exporteur der Welt, die Armut geht zurück, langsam entsteht eine konsumorientierte Mittelschicht.
Deutung	Geisen kommentiert die wirtschaftliche Entwicklung der Volksrepublik China: 1945, am Ende des Zweiten Weltkriegs, lag China am Boden. Die Ausbeutung durch Europäer und Amerikaner sowie zuletzt die Besetzung durch die Japaner hatten das Land ruiniert. Laut Geisen geht es seit der Gründung der kommunistischen Volksrepublik langsam aufwärts, den Menschen geht es besser, der Wohlstand wächst. Mit dem Greifen der Wirtschaftsreformen Deng Xiaopings Anfang der 1980er Jahre beschleunigt sich der Aufschwung. Geisen prognostiziert, dass China langfristig zu den westlichen Industrieländern aufschließen wird und die Chinesen ab 2050 bzw. 2500 einen ähnlichen Lebensstandard wie die Menschen hier haben werden. *Tendenz:* eher deskriptive Karikatur; allerdings klammert Geisen die menschlichen und wirtschaftlichen Katastrophen des „Großen Sprungs nach vorn" und der Kulturrevolution aus. Seine Prognose vom (langsamen) Wirtschaftswachstum Chinas ist eher konservativ und inzwischen von den Ereignissen überholt.
Didaktisch-methodische Hinweise, Arbeitsanregungen	• Recherche zur Geschichte der Volksrepublik China • Diskussion: „Lag Geisen mit seiner Prophezeiung richtig?"; „Wird sich die Diktatur der kommunistischen Führung angesichts der rasanten ökonomischen Entwicklung halten können?"; „Ist China die Macht der Zukunft?"

China: Träumen erlaubt . . .

VII. Deutsche Debatten

41 Diskussion um die deutsche Wiederbewaffnung (I) – die ostdeutsche Perspektive

Titel	Und nun her mit der dritten Generation!
Zeichner	Alfred Beier-Red
Erscheinungs-datum/-ort	Januar 1957/Neues Deutschland, DDR
Beschreibung	In der Mitte der Karikatur steht in einer Grube ein hoher Militär (vgl. Schulterklappen, Orden und Uniform), der ein Dokument mit der Aufschrift „Gestellungsbefehl" (heute: Einberufungsbescheid) in der rechten Hand hält. Mit dem Zeigefinger der linken zeigt er auf das Loch im Boden und spricht die Worte: „Und nun her mit der dritten Generation!" Unter der frisch ausgehobenen Grube bzw. im Grab sind zwei bereits zum größten Teil verweste Leichen zu erkennen: Dicht unter der Oberfläche liegt ein toter Soldat, der einen Stahlhelm (der Wehrmacht) trägt; ganz unten ein ebenfalls männliches Skelett. Hier sind noch Schachtstiefel und Schulterklappen sowie ein langer Bart und eine Pickelhaube zu erkennen. Der hohe Militär trägt ein Eisernes Kreuz, ein Monokel und scheint keine Zähne mehr im Mund zu haben. Er wirkt im hohen Maße unsympathisch. Bedrohlich wirkt zudem der tiefschwarze (oder blutrote?) Bildhintergrund.
Historischer Kontext	• Diskussion um die westdeutsche Wiederbewaffnung: Trotz des von den alliierten Siegermächten auf der *Potsdamer Konferenz* gefassten Beschlusses zur vollständigen Entmilitarisierung Deutschlands setzten im Zuge des *Kalten Krieges* und des „heißen" Korea-Krieges schon bald Überlegungen ein hinsichtlich eines deutschen Beitrags zur Verteidigung Westeuropas. Diesbezügliche Forderungen stießen jedoch lange auf heftigen innenpolitischen Widerstand, vor allem aus der SPD. In der DDR und der UdSSR wurden die Überlegungen als „Kriegstreiberei" diffamiert, trotz der Tatsache, dass die Sowjetunion mit der „Roten Armee" über das weitaus stärkste Heer auf dem Kontinent verfügte. • Gründung der Bundeswehr: Seit Beginn der 1950er Jahre befasste sich in der Bundesrepublik mit Fragen der Wiederbewaffnung die „Dienststelle Blank", die am 7.6.1955 in „Bundesministerium für (später: der) Verteidigung" umbenannt wurde. 1951 wurde mit dem *Bundesgrenzschutz (BGS)* eine militärisch aufgebaute Sonderpolizei des Bundes geschaffen, die 1956 zu großen Teilen in die neu geschaffene Bundeswehr überführt wurde. Friedensstärke der Bundeswehr: 495 000 Mann. • Wiederbewaffnung in der DDR: Parallel zu den Entwicklungen in der BRD begann 1952 der Aufbau der Kasernierten Volkspolizei. Nach der *Entstehung der Nationalen Volksarmee (NVA)* wurde die Kasernierte Volkspolizei in diese integriert. Friedensstärke der NVA: 90 000 Mann, nach Einführung der allgemeinen Wehrpflicht 1962: 170 000 Mann.
Deutung	Der Erste Weltkrieg (vgl. den Soldat mit Pickelhaube) hatte bereits das Leben von rund zwei Millionen deutscher Soldaten gekostet, der Blutzoll, den die Generation der 20-40-jährigen im Zweiten Weltkrieg zahlen musste, lag mit fast 3,5 Millionen toten Soldaten nochmals deutlich darüber. Deutsche Militärs und, im Jargon der DDR, „westdeutsche Imperialisten und Faschisten", planten aus Sicht Beier-Reds nach diesen Katastrophen nun erneut einen Krieg, der wiederum eine ganze Generation von jungen Menschen auslöschen würde. *Tendenz:* agitatorisch-propagandistische Karikatur. Wichtig ist hier die Beachtung des Veröffentlichungsortes: Das „Neue Deutschland" war das offizielle Parteiorgan der SED. Generall hatten die Karikaturisten in der totalitären DDR-Diktatur keine künstlerische Freiheit, sondern mussten die offizielle Parteilinie strengstens beachten.
Didaktisch-methodische Hinweise, Arbeitsanregungen	• Die Bedeutung des Wortes „Gestellungsbefehl" müsste eventuell von der Lehrkraft erläutert werden • Recherche zum Ort der Veröffentlichung (Neues Deutschland) • Gegenwartsbezug: „Sollte die Bundeswehr abgeschafft werden?"

„Und nun her mit der dritten Generation!“
Neues Deutschland,
Januar 1957

42 Diskussion um die deutsche Wiederbewaffnung (II) – eine britische Perspektive

Titel	Empty boots (Leere Stiefel)
Zeichner	David Low
Erscheinungs-datum/-ort	11.8.1950/Daily Herald, Großbritannien
Beschreibung	Im Zentrum der Karikatur sieht man eine riesige mit „Eastern Germany" (Ostdeutschland) beschriebene Mauer. Hinter dieser Mauer bzw. Wand ist eine große Zahl an Kanonenrohren sichtbar, von denen viele über die Mauer hinaus auf das Gebiet „Westdeutschlands" („Western Germany") ragen. In diesem vorderen Teil der Zeichnung sind vier Männer zu erkennen (von links nach rechts: Robert Schuman, Ernest Bevin, Georges Bidault, Dean Acheson), die in eine intensive Diskussion verwickelt sind. Die vier stehen eng umschlossen und sich z. T. gegenseitig die Arme auf die Schultern legend zusammen. Zwei der Politiker zeigen auf „Eastern Germany". Hinter den vieren stehen paarweise aufgestellte Stiefel „in Reih' und Glied". Direkt vor der Mauer/Wand/Grenze sitzt ein Mann, der vermutlich Konrad Adenauer sein soll. Adenauer hält eine Zeitung mit der Schlagzeile „Lessons of Korea" (Lektionen aus Korea) und blickt besorgt auf die in Ostdeutschland stationierten Kanonen.
Historischer Kontext	• Diskussion um die westdeutsche Wiederbewaffnung: Aufgrund der Erfahrungen des Zweiten Weltkrieges bestanden insbesondere in Frankreich und Großbritannien erhebliche Vorbehalte gegenüber einer deutschen Wiederbewaffnung. Die Angst war groß, dass selbst das *geteilte* Deutschland aufgrund seiner Wirtschaftskraft und seiner hohen Bevölkerungszahl weiterhin eine Gefahr für seine Nachbarn darstellen könnte. • Abgebildete Personen: Robert Schuman, französischer Außenminister und Ministerpräsident in verschiedenen Nachkriegsregierungen; Ernest Bevin, britischer Außenminister; Georges Bidault, französischer Außenminister und Ministerpräsident, Dean Acheson, amerikanischer Außenminister. • Koreakrieg: Angriff des kommunistischen Nordens auf Südkorea am 25.6.1950 (vgl. Karikatur 9)
Deutung	Anfang der 1950er Jahre diskutierten die Alliierten intensiv über eine eventuelle deutsche Wiederbewaffnung. Ausschlaggebend war der Beginn des Kalten Krieges: Nach den Auseinandersetzungen über die Deutschlandfrage, den Marshallplan, die Truman-Doktrin und nach den Konflikten um Berlin hatte sich gezeigt, dass die Gegensätze zwischen Ost und West unüberbrückbar waren. Die Aggressivität des kommunistischen Lagers hatte sich zuletzt im zwei Monate vor dem Erscheinen der Karikatur ausgebrochenen Koreakrieg gezeigt. Low nimmt in seiner Zeichnung die Worte Churchills vom „Eisernen Vorhang" auf, der sich über den Kontinent gelegt habe. Er warnt dabei eindringlich vor der kommunistischen Bedrohung Westdeutschlands bzw. ganz Europas (vgl. die Kanonen: Verweis auf die Stärke der „Roten Armee") und kritisiert die Unentschlossenheit der westlichen Alliierten bezüglich einer möglichen deutschen Wiederbewaffnung. Low hält diese angesichts der kommunistischen Aggression für unumgänglich und ist der Ansicht, dass die Bundesrepublik einen erheblichen Wehrbeitrag leisten könnte: Hunderttausende deutsche Soldaten (vgl. die Stiefel) stünden bereit. Seiner Ansicht nach hat bisher nur Adenauer die „koreanische Lektion" gelernt. *Tendenz:* kommentierende Karikatur. Low stellt die „kommunistische Gefahr" drastisch dar, plädiert eindringlich für einen deutschen Wehrbeitrag und schiebt die (verständlichen) Ängste der ehemaligen westlichen Kriegsgegner Nazi-Deutschlands brüsk beiseite.
Didaktisch-methodische Hinweise, Arbeitsanregungen	• Analyse der Diskussion über die deutsche Wiederbewaffnung: Welche Länder (und deutsche Parteien) sind dafür, welche dagegen? Mit welchen Argumenten? • Diskussion: Wie realistisch war die von Low thematisierte Bedrohung? • Vergleich mit der kontrastiven Parallelkarikatur 41

EASTERN GERMANY
LESSONS OF KOREA
WESTERN GERMANY
EMPTY BOOTS
FRIDAY August 11 1950

43 Der deutsch-französische Freundschaftsvertrag

Titel	Begegnung in Reims/Meeting in Reims
Zeichner	Fritz Behrendt
Erscheinungs-datum/-ort	1963/Bundesrepublik Deutschland (s. Karikatur 37)
Beschreibung	Im Mittelpunkt der Karikatur stehen Charles de Gaulle (links) und Konrad Adenauer, die sich vor der Kathedrale von Reims in inniger Freundschaft die Hände halten. De Gaulle, der den deutschen Kanzler an Größe deutlich überragt und den der Karikaturist mit einer besonders langen Nase ausgestattet hat, legt Adenauer eine Hand auf die Schulter. Während der Bundeskanzler zum französischen Präsidenten aufblickt, schaut de Gaulle über den Kanzler hinweg in die Ferne. Aufmerksam verfolgt wird die Szene von drei Männern im Himmel, die man anhand ihrer Gesichtszüge, Uniformen und Kopfbedeckungen (v.l.) als Friedrich II. von Preußen, Napoleon Bonaparte und Otto von Bismarck (mit Pickelhaube) identifizieren kann.
Historischer Kontext	• Deutsch-französische Erbfeindschaft: Ludwig XIV. eroberte deutsche Gebiete, Napoleon unterwarf Deutschland; 1871 annektierte das Deutsche Reich unter Bismarck das französische Elsass-Lothringen; 1919 verlor das Deutsche Reich Elsass-Lothringen wieder, Besetzung Frankreichs durch die National-sozialisten 1940-45. • Deutsch-französische Verständigungspolitik (Stresemann, Briand) in den 1920er Jahren; Schumanplan und Gründung der EWG in den 1950er Jahren. • 8. Juli 1962: Charles de Gaulle und Konrad Adenauer nehmen in der mittelalterlichen Krönungskathedrale von Reims an einem Versöhnungsgottesdienst teil. • 22. Januar 1963: Unterzeichnung des deutsch-französischen Vertrages („Elysée-Vertrag").
Deutung	Deutschland und Frankreich schlossen 1963 mit dem Elysée-Vertrag ein historisches Abkommen, das einen Schlussstrich unter die Jahrhunderte lange Erbfeindschaft zwischen den beiden Ländern zog. Klar war zum damaligen Zeitpunkt aber auch, dass es sich bei dem Vertrag nicht um ein Abkommen zwischen gleichberechtigten Partnern handelte: de Gaulle beanspruchte von Anfang an eine Führungsrolle Frankreichs innerhalb der Sonderbeziehungen. Intention des Präsidenten war, die schon durch die Gründung der EWG enge Zusammenarbeit der beiden Nachbarn zu vertiefen, um Frankreichs politisch-wirtschaftlichen Einfluss in der Welt zu stärken und seine Abhängigkeit vom NATO-Partner USA zu verringern. (De Gaulle zeigte sich denn auch im höchsten Maße verärgert, als eine Mehrheit im deutschen Bundestag dem Elysée-Vertrag am 16. Mai 1963 eine Präambel voranstellte, welche neben den deutsch-französischen Beziehungen auch den Stellenwert der deutsch-amerikanischen Beziehungen betonte.) *Tendenz:* deskriptiv-kommentierende Karikatur. Behrendts Zeichnung ist keine rein sachliche Darstellung der Vorbereitung der deutsch-französischen Aussöhnung: De Gaulle wird arrogant dargestellt und so gleichzeitig lächerlich gemacht, sein Streben nach „grandeur" persifliert.
Didaktisch-methodische Hinweise, Arbeitsanregungen	• Kartenarbeit: Deutsch-französischer Grenzverlauf in der Geschichte • Recherche zur Außenpolitik Frankreichs unter de Gaulle • Gegenwartsbezug: Diskussion zum aktuellen Stand der deutsch-französischen Sonderbeziehungen

Begegnung in Reims

44 Die Ostverträge

Titel	Kahlschlag
Zeichner	Hans-Joachim Gerboth
Erscheinungs-datum/-ort	1970?/Bundesrepublik Deutschland
Beschreibung	Die Karikatur zeigt einen scheinbar zufrieden dreinschauenden Mann (Bundeskanzler Willy Brandt) mit hochgekrempelten Ärmeln, der eine Axt über der Schulter trägt. Der Mann läuft nach links aus dem Bild heraus, nachdem er mit seinem Werkzeug offenbar verschiedene Schilder mit Aufschriften wie „SBZ“, „Mitteldeutschland“, „drüben“ und „Ostzone“ umgehauen hat. Einzig das Schild „DDR“, rechts im Bild, hat er stehen gelassen.
Historischer Kontext	• Hallstein-Doktrin: Die *Hallstein-Doktrin* sollte einer völkerrechtlichen Anerkennung der DDR durch Drittstaaten entgegenwirken. Bis Ende der 1960er Jahre gelang es der Bonner (CDU-)Regierung, die diplomatische Anerkennung der DDR durch nichtkommunistische Staaten weitgehend zu verhindern. • Ostpolitik: Als Außenminister der Großen Koalition 1966-1969 und später als Bundeskanzler unterstützt Willy Brandt die Bemühungen um internationale Entspannung. Die neue Bundesregierung aus SPD und FDP (ab 1969) gibt gegen heftigen Widerstand der CDU-Opposition den Alleinvertretungsanspruch der Bundesrepublik auf und erkennt die Existenz der DDR an. • 1970: „Ostverträge“ mit der Sowjetunion und Polen. • Grundlagenvertrag vom 21.12.1972: Die Bundesrepublik Deutschland und die DDR nehmen offizielle Beziehungen zueinander auf. Die völkerrechtliche Anerkennung des SED-Staates umgeht die Bundesrepublik jedoch.
Deutung	Bundeskanzler Willy Brandt hatte mit seiner Ostpolitik zunächst die Beziehungen zwischen der Bundesrepublik einerseits und der Sowjetunion und Polen andererseits verbessert. Anschließend sorgte er mit dem „Grundlagenvertrag“ für eine Normalisierung der deutsch-deutschen Beziehungen. Bis dahin hatten weder die BRD noch ihre wichtigsten westlichen Verbündeten die DDR als Staat anerkannt, die Bundesrepublik bestand auf ihrem Alleinvertretungsanspruch. Bis zur Regierungsübernahme der SPD-FDP Koalition wurde der Name DDR zumeist nur in Anführungsstrichen verwendet oder es wurde von der „SBZ“, „Mitteldeutschland“, „drüben“ und der „Ostzone“ gesprochen. Erst Brandts Ostpolitik machte den Weg für die internationale Anerkennung der DDR frei. *Tendenz:* eher deskriptive Karikatur, wobei Brandts Gesichtsausdruck auf die Unterstützung seiner Ostpolitik durch den Zeichner Gerboth schließen lässt.
Didaktisch-methodische Hinweise, Arbeitsanregungen	• Die Karikatur verändern: Eine Sprechblase zeichnen, der Karikatur eine alternative Bildunterschrift (aus CDU-Sicht?) geben • Erstellen eines Zeitstrahls zur Ostpolitik Brandts • Karikaturen zeichnen bzw. Ideen hierfür sammeln: Wie hätte man die Annäherung zwischen BRD und DDR noch darstellen können?

SBZ
Gebilde
Mittel-
deutschland
Ostzone
Drüben
Phänomen
Sogenannte
„DDR"
DDR

Kahlschlag

45 Streit um den Umgang mit der deutschen Vergangenheit

Titel	Deutsche Lücke im Geschichtsbewusstsein
Zeichner	Peter Leger
Erscheinungs-datum/-ort	1979/Bundesrepublik Deutschland
Beschreibung	Die Zeichnung Legers wird dominiert von einem großen Bücherregal, in dem zahlreiche chronologisch geordnete Werke zur deutschen Geschichte zwischen 1848 und 1945 stehen bzw. liegen. Ins Auge sticht dabei die auffällige Lücke zwischen 1933 und 1945: Anstatt den zu erwartenden Büchern zum Dritten Reich erblickt man einen Nazi-Uniform tragenden Totenkopf, dessen tiefschwarze Augenhöhlen Hakenkreuze zieren. Komplettiert wird die Szene, die in ein einem Wohnzimmer spielt, durch einen Hausschuhe und Zipfelmütze tragenden Mann (deutscher Michel). Dieser hat ein aufgeklapptes Buch auf dem Schoß liegen, sitzt im Sessel und hält sich die Augen zu.
Historischer Kontext und Deutung	Legers Karikatur legt zwei unterschiedliche Interpretationen nahe: *1. Das „Dritte Reich" als Lücke im Geschichtsbewusstsein der Deutschen.* Die Deutschen weigern sich, die historisch singulären Verbrechen der Nationalsozialisten zur Kenntnis zu nehmen. Medien, Politik und Schule, die Gesellschaft als ganzes (symbolisch dargestellt durch den deutschen Michel), verschließen die Augen vor diesem „Schandfleck" der deutschen Vergangenheit und wenden sich lieber anderen Themen bzw. historischen Epochen zu. *2. Das „Dritte Reich" als dunkles Loch der deutschen Geschichte, in dem die restlichen 988 Jahre der rund tausendjährigen deutschen Geschichte komplett verschwinden.* Deutschland und die Welt sind auch über dreißig Jahre nach Ende des Zweiten Weltkriegs noch so vom Ausmaß der nationalsozialistischen Verbrechen geschockt, dass die zwölf Jahre des „Dritten Reiches" alle anderen Epochen und (positiven) historischen Entwicklungen (die Revolutionen von 1848 und 1918, die „Erfolgsgeschichte BRD" etc.) überdecken. *Tendenz:* kommentierende Karikatur
Didaktisch-methodische Hinweise, Arbeitsanregungen	• Tabellarische Gegenüberstellung: Das „Dritte Reich" als dunkles Loch der deutschen Geschichte – Das „Dritte Reich" als Lücke im Geschichtsbewusstsein der Deutschen • Diskussion zum Umgang der Deutschen mit ihrer Vergangenheit • Diskussion zum schulischen Umgang mit dem Nationalsozialismus (Äußerungen von Politikern: „Deutsche Schüler wissen zu wenig über den Nationalsozialismus" als Impuls)

Peter Leger: Deutsche Lücke im Geschichtsbewußtsein

46 8. Mai 1945: Niederlage oder Befreiung?

Titel	Keine Zeit für Besinnung
Zeichner	Bernd Bruns
Erscheinungs-datum/-ort	1995/Bundesrepublik Deutschland
Beschreibung	Im Zentrum der Karikatur stehen zwei finster dreinschauende Männer, die sich streitlustig und aufs Höchste erregt gegenüberstehen: Weit nach vorne gebeugt, Stirn an Stirn gelegt, die Hand zur Faust geballt, stehen sie über einem Sockel, der die Aufschrift 1945 aufweist und auf dem eine Taube sitzt. Weitere Details: Die Taube trägt einen Zweig im Mund (Friedenstaube), der linke der Streitenden hält einen Trauerkranz mit der Aufschrift „besiegt“ in der Hand, der rechte Mann einen Blumenstrauß mit der Glückwunschkarte „befreit“. Die Männer tragen beide Anzug und Krawatte sowie je eine Zipfelmütze (vgl. deutscher Michel).
Historischer Kontext	• 8. Mai 1945: Kapitulation und Besetzung Deutschlands bedeuteten die Öffnung der Konzentrationslager, Befreiung der Überlebenden, Ende der NS-Terrorherrschaft, Wiedereinführung von Meinungsfreiheit, Rechtsstaat und Demokratie. • Die Kapitulation und Besetzung Deutschlands bedeutete aber auch: Kriegsgefangenschaft für Millionen Soldaten, Hunger und Not, in der sowjetisch besetzten Zone die Verfolgung von Demokraten und Anti-Kommunisten, in den deutschen Ostgebieten die millionenfache Vertreibung von Deutschen, die viele hunderttausende Tote forderte.
Deutung	Bruns spielt mit seiner Zeichnung auf den alten Streit um die Bewertung des 8. Mai 1945 an: War der Tag eher eine Befreiung, oder sollte dem Datum als Tag der deutschen Niederlage gedacht werden? Für konservative Politiker war der 8. Mai lange Zeit vor allem letzteres, jedoch sorgte Bundespräsident Richard von Weizsäcker (CDU) mit seiner berühmten Rede am 8. Mai 1985 für ein langsames Umdenken auch innerhalb der CDU, indem er vom 8. Mai 1945 als Tag der Befreiung vom menschenverachtenden System der nationalsozialistischen Gewaltherrschaft sprach. *Tendenz:* deskriptiv-kommentierende Karikatur. Bruns ergreift für keine der beiden Auffassungen Partei, kritisiert jedoch den Streit als solchen: Für ihn ist der 8. Mai 1945 beides, Niederlage und Befreiung. Für Besinnung, für ein kritisches Nachdenken über die deutsche Geschichte ist angesichts des Dauerstreits keine Zeit (vgl. den Titel der Karikatur).
Didaktisch-methodische Hinweise, Arbeitsanregungen	• Diskussion des Zitats von Theodor Heuss von 1949: „Befreit und vernichtet in einem“ • Tabellarische Auflistung: Was spricht für die Interpretation des 8. Mai 1945 als Niederlage bzw. Befreiung? • Gegenwartsbezug: Recherche zum Thema Vertreibung und zum Denkmal für Vertreibung • Diskussion: Darf den deutschen Opfern des Krieges gedacht werden?

Keine Zeit für Besinnung

Bernd Bruns

VIII. Die Geschichte der Europäischen Integration

47 Die Europaidee – letzte Hoffnung der Menschheit?

Titel	An old bulb sprouting this spring (Eine alte Blumenzwiebel, die in diesem Frühling sprießt)
Zeichner	Daniel Fitzpatrick
Erscheinungs-datum/-ort	23. März 1947/St. Louis-Post Dispatch, USA
Beschreibung	Die Karikatur wirkt sehr düster und dunkel. Im Zentrum steht eine riesige Blumenzwiebel, die „United States of Europe“ (Vereinigte Staaten von Europa) beschriftet ist. Die Blume beginnt langsam zu sprießen, aber der Sprössling ist im Vergleich zur gigantischen Zwiebel unter der Erde sehr klein. Vor dem Sprössling steht demütig ein Mann. Den Kopf gesenkt und die Hände wie zum Gebet gefaltet, blickt er auf den Sprössling herunter. Der Mann trägt Melone und Holzschuhe und wirkt eher ärmlich gekleidet. Im Hintergrund links sieht man ein verfallenes Haus mit winzigen Fenstern und ohne Dach, rechts einen abgebrochenen Baumstamm, dem lediglich zwei dünne (sprießende) Äste geblieben sind. Sowohl im linken als auch im rechten Bildrand liegen zahlreiche Trümmer, die ebenso bedrohlich wirken wie die dunklen Wolken am Himmel.
Historischer Kontext	• Zweiter Weltkrieg: Weite Teile Europas sind vom Krieg schwer gezeichnet: Städte und Industrieanlagen sind zerbombt, Brücken und Verkehrswege zerstört, Felder verwüstet. • „Europaidee“ nach dem Ersten Weltkrieg: Die Europaidee ist schon recht alt, gewann aber nach Ende des Ersten Weltkriegs an Kraft. Große Wirkung hatte der Österreicher Richard Nicolaus Coudenhove-Kalergi mit seiner Idee von „Pan-Europa“, eines politisch-wirtschaftlichen Zweckverbandes, der einen erneuten Weltkrieg verhindern sollte. Seine Ideen wurden von deutschen und französischen Politikern der Zwischenkriegszeit aufgegriffen (Stresemann und Briand). • „Europaidee“ nach dem Zweiten Weltkrieg: Nach den unermesslichen Zerstörungen und Opferzahlen des Zweiten Weltkriegs griffen zahlreiche Politiker und Intellektuelle den alten Europagedanken wieder auf. So forderte u. a. der britische Staatsmann *Winston Churchill* am 19. September 1946 in seiner berühmten Rede an der Universität Zürich die Schaffung der „United States of Europe“. • Entwicklung nach 1947: Am *9. Mai 1950* verkündete *Robert Schuman* in Paris den Plan zur Gründung einer deutsch-französischen Gemeinschaft für Kohle und Stahl *(Schuman-Plan). 18. April 1951:* Belgien, die Bundesrepublik Deutschland, Frankreich, Italien, Luxemburg und die Niederlande unterzeichnen den Vertrag über die *Europäische Gemeinschaft für Kohle und Stahl (EGKS); 25. März 1957:* Die sechs EGKS-Staaten unterzeichnen die „Römischen Verträge“ zur Gründung der *Europäischen Wirtschaftsgemeinschaft (EWG)* und der Europäischen Atomgemeinschaft (EURATOM).
Deutung	Fitzpatrick hofft ebenso wie die Menschen im kriegszerstörten Europa, dass die alte Europaidee endlich verwirklicht wird. Ein weiterer europäischer Krieg müsse verhindert werden. Gedankliche Vorarbeit und erste Ansätze zur Umsetzung des Europagedankens hat es in der Vergangenheit genug gegeben (vgl. die Größe der Blumenzwiebel). *Tendenz:* kommentierende Karikatur. Fitzpatrick stellt sich eindeutig auf die Seite der europäischen Föderalisten. Der Zeichner hat die (berechtigte) Hoffnung, dass sich die Europaidee im Unterschied zu den 1930er Jahren nun wirklich durchsetzt: Die Blume sprießt langsam, und auch der fast abgestorbene Baum treibt schon wieder aus.
Didaktisch-methodische Hinweise, Arbeitsanregungen	• Historische Rückschau auf die „Europaidee“ • Diskussion: Warum ist die Europaidee in den 1930er Jahren gescheitert? Ist sie auch heute wieder bedroht? • Stationenlernen: Hinzuziehen der Karikaturen 48-50

AN OLD BULB SPROUTING THIS SPRING
MARCH 23, 1947

48 Supermacht Europa? – Die Norderweiterung der EG 1973

Titel	Blocking the view (Es versperrt einem die Sicht)
Zeichner	Ranan Lurie
Erscheinungs-datum/-ort	29. Oktober 1971/USA
Beschreibung	Die Karikatur zeigt drei Hochhäuser, von denen sich zwei noch im Bau befinden: links der Büro- oder Wohnturm der „japanischen Wirtschaft", rechts der „gemeinsame Markt" (Europäische Gemeinschaft, EG), der aus einzelnen Bauelementen zusammengesetzt ist und durch diverse europäische Flaggen verschönert ist. Während die Arbeiten am japanischen Hochhaus gerade unterbrochen sind, setzt ein riesiger Kran den Fertigbausatz „England" auf die sechs bereits bestehenden Etagen des rechten Gebäudes. Die Aktion wird aufmerksam-besorgt von einem älteren Mann mit Spitzbart und Zylinder (Uncle Sam) im oberen Stock des mittleren Hochhauses („US-Wirtschaft") verfolgt.
Historischer Kontext	• 1. Januar 1958: Die 1957 unterzeichneten „Römischen Verträge" treten in Kraft: Mit ihnen wird die Europäische Wirtschaftsgemeinschaft (EWG) und die Europäische Atomgemeinschaft (EURATOM) gegründet. In den Folgejahren durchlebten die sechs Gründungsmitglieder auch als Folge des „gemeinsamen Marktes" einen beispiellosen ökonomischen Aufstieg. Ein ähnliches „Wirtschaftswunder" gelang Japan, dessen Konjunktur schon bald nach der Niederlage im Zweiten Weltkrieg wieder enorme Wachstumsraten aufwies. • 1973: Beitritt Großbritanniens (sowie Dänemarks und Irlands), das bislang der 1960 als Antwort auf die EWG gegründeten EFTA angehörte.
Deutung	Dargestellt wird die Erweiterung der EG zum 1. Januar 1973 um drei Staaten, die von Großbritannien angeführt wurden. Zentraler Bestandteil der EG war der „gemeinsame Markt", der erheblich zum wirtschaftlichen Erfolg ihrer Mitgliedsstaaten beigetragen hatte (vgl. „deutsches Wirtschaftswunder, „trente glorieuse" in Frankreich). Durch die Norderweiterung schwingt sich die EWG zum ernsthaften Konkurrenten für das ebenfalls aufstrebende Japan und die immer noch die Weltwirtschaft dominierenden USA auf. *Tendenz:* einerseits deskriptiv, den Beitritt Großbritanniens darstellend; andererseits auch eine Warnung an die USA, dass die EWG langfristig die neue ökonomische Weltmacht werden könnte (allerdings ist das amerikanische Hochhaus viel zu niedrig gezeichnet, das US-BIP lag weit über dem der EWG bzw. Japans.)
Didaktisch-methodische Hinweise, Arbeitsanregungen	• Arbeit mit Statistiken zur Wirtschaftsleistung Japans, der USA und der EG bzw. EU • Karikaturen zeichnen: Wie könnte man die aktuelle Situation der Weltwirtschaft darstellen? (Eventuell Luries Idee aufnehmen und weiterentwickeln) • Gegenwartsbezug: „Ist die EU eine wirtschaftliche Weltmacht?", „Wird sie auch in der Zukunft eine wirtschaftliche Weltmacht sein?"

10-29-71

BLOCKING THE VIEW

49 Bekommt das „Haus Europa“ ein Dach? – Die Erweiterung der EU 1995

Titel	Herzlich willkommen
Zeichner	Walter Hanel
Erscheinungs-datum/-ort	1993/Bundesrepublik Deutschland
Beschreibung	Im Mittelpunkt der Zeichnung steht ein unvollendetes Haus, dem sowohl mehrere Außenwände als auch ein Dach fehlen. Lediglich die Frontseite des Hauses, auf der „EG“ zu lesen ist, besteht aus massivem Mauerwerk. Unter einem aufwändigen Säuleneingang warten hier François Mitterand und Helmut Kohl, die einen roten Teppich für die erstaunten Gäste aus Österreich, Finnland und Schweden ausgerollt haben. Im Haus stehen mehrere Menschen um einen Ofen herum, einer liegt eingerollt in einem Schlafsack auf dem Boden. Die Männer haben einen Schirm aufgespannt, um sich notdürftig vor dem heftig herunterprasselnden Regen zu schützen. Links an den Rohbau angebaut ist ein einer mittelalterlichen Burg nachempfundener Erker, auf dem eine britische Flagge gehisst ist und aus dessen Fenster ein Mann herausschaut.
Historischer Kontext	• 1957: Gründung der EWG (Römische Verträge). • Deutsch-französischer Motor: Seit dem Schumanplan erhielt die Europäische Integration ihre wichtigsten Anstöße zumeist aus Deutschland und/oder Frankreich, den ehemaligen Erbfeinden (Beispiel Währungsunion). • Britischer Sonderstatus innerhalb der EG/EU: 1957 wollte Großbritannien der EWG nicht beitreten, 1963 und 1967 scheiterte der Beitritt am Veto de Gaulles. Kurz nach dem Beitritt 1973 kam es zu einem Referendum zum Verbleib in der EG; nach dem Amtsantritt Thatchers erwirkte Großbritannien für sich zahlreiche Ausnahmeregelungen; das Land schloss sich bisher weder dem Schengen-Abkommen noch der gemeinsamen Währung an; die Mehrheit der Bevölkerung ist europakritisch eingestellt. • 1995: Erweiterung der EU um Österreich, Finnland und Schweden.
Deutung	Politiker sprachen und sprechen oft vom „Haus Europa“, das es gemeinsam zu bauen bzw. auszubauen gelte. Seit dem Schumanplan, dem Vorläufer der 1957 gegründeten EWG, haben sich Frankreich und Deutschland immer wieder als Motor der Europäischen Integration erwiesen. Hanel stellt Mitterand und Kohl deshalb als „Hausherren“ da, die die Beitrittsländer in Empfang nehmen. Gegenüber diesem Führungsduo kommt den übrigen Mitgliedsstaaten, auch aufgrund ihres geringeren politisch-ökonomischen Gewichts, eine eher untergeordnete Rolle zu. Großbritannien nimmt innerhalb der EU seit seinem Beitritt 1973 eine Außenseiterposition ein, da es eine Vertiefung der Europäischen Integration eher kritisch sah und sieht. Das Haus Europa befindet sich in einem erbärmlichen Zustand und ist alles andere als wetterfest. Die Europäische Integration ist auf halbem Wege stecken geblieben, die neuen Mitglieder werden durch die noble Fassade getäuscht. *Tendenz:* Kommentierende Karikatur; Hanel hält die EU für nicht aufnahmefähig. Vor einer Aufnahme neuer Staaten sollten zunächst das Haus (Vertiefung der EU) fertig gestellt und die Probleme mit unbequemen (Großbritannien) und wirtschaftlich schwachen Mitgliedsstaaten (Mann im Schlafsack, Griechenland?) gelöst werden.
Didaktisch-methodische Hinweise, Arbeitsanregungen	• Recherche zur britischen Sonderrolle • Gegenwartsbezug: Zusammenstellung von Argumenten zur Frage „Vertiefung oder Erweiterung der EU?“ (eventuell unter Einbeziehung aktueller Entwicklungen: Türkei, Balkan, Ukraine etc.) • Zeitungslektüre: Artikel und Karikaturen zur EU sammeln • Internetrecherche für Referate: Karikaturen (sowie zahlreiche weitere Text-, Audio- und Filmquellen) zur EU unter http://www.ena.lu

EG
AUSTRIA
FINN-LAND
SCHWE-DEN

50 Quo vadis Europa? Währungsunion, EU-Verfassung, Europäische Identität

Titel	Das Leben geht weiter
Zeichner	Horst Haitzinger
Erscheinungs-datum/-ort	18.6.2005/Horst Haitzingers Karikaturen werden in verschieden Zeitungen in Deutschland und z. T. auch weltweit abgedruckt
Beschreibung	Im Zentrum der Karikatur sieht man einen übergewichtigen, gutgelaunten Mann, der sich in einer zwischen zwei Grabsteinen gespannten Hängematte fläzt. Der linke Grabstein ist mit „EU-Verfassung", der rechte mit „EU-Haushalt" beschriftet. Während das linke Grab noch frisch ist, sind die anderen Gräber (im Hintergrund: „EU-Identität" und „Euro-Stabilität") bereits mit Gras bewachsen. Auf einem der Grabsteine sitzt ein weinender Engel. Weitere Details: Der wohlbeleibte Mann trägt neben kurzen Hosen und Sonnenbrille ein T-Shirt mit der Aufschrift „National-Egoismus", in der Hand hält er ein Sektglas. Dabei wirkt es, als proste er dem Betrachter zu.
Historischer Kontext	• EU-Verfassung: Franzosen und Niederländer stimmten im Frühjahr 2005 in Referenden gegen die EU-Verfassung. Die Verfassung, die die EU handlungsfähiger in der globalisierten Welt machen sollte, war damit gescheitert. Ziele der Verfassunggeber waren außerdem: Förderung einer europäischen Identität, weitere Demokratisierung der EU, Reform der EU-Institutionen. • Stabilität der gemeinsamen Währung: Im Stabilitäts- und Wachstumspakt haben sich die EU-Mitgliedsstaaten 1997 verpflichtet, übermäßige Haushaltsdefizite zu vermeiden, um die Stabilität des Euro zu gewährleisten. Für einen Verstoß gegen den Stabilitäts- und Wachstumspakt waren Sanktionen vorgesehen (Defizitverfahren), welche aber bisher trotz zahlreicher Verstöße gegen den Pakt nie konsequent angewandt wurden. • 2009: Der Lissaboner Vertrag (EU-Reformvertrag), der wesentliche Elemente des ursprünglichen EU-Verfassungsvertrages enthält, überwindet die letzten Hürden und wird schließlich auch von den Präsidenten Tschechiens und Polens unterschrieben. Damit haben alle 27 Mitgliedsstaaten dem EU-Reformvertrag zugestimmt.
Deutung	Seit der Gründung der EWG 1957 hat es nicht an Initiativen gefehlt, die Zusammenarbeit der Mitgliedsstaaten zu stärken und eine gemeinsame europäische Identität zu fördern. Wichtige Wegmarken waren die Direktwahl des Europäischen Parlamentes, die Schaffung des EG-Binnenmarktes sowie die Einführung des Euro. Bei allen Erfolgen ist es bisher dennoch weder zur Herausbildung einer echten europäischen Identität noch zu einer Art „Vereinigten Staaten von Europa" gekommen. Die Mehrheit der Europäer denkt immer noch in nationalstaatlichen Kategorien, viele Länder weigern sich, Souveränität an supranationale europäische Institutionen abzugeben. Dies wurde zuletzt am Scheitern der EU-Verfassung deutlich, zuvor war bereits der Euro-Stabilitätspakt, der für eine starke gemeinschaftliche Währung sorgen sollte, zu Grabe getragen worden. *Tendenz:* kommentierende Karikatur. Haitzingers Haltung ist pro-europäisch; er unterstützt eine Vertiefung der Europäischen Integration sowie ein föderales Europa. Bitter karikiert er das Scheitern zahlreicher wichtiger europäischer Projekte.
Didaktisch-methodische Hinweise, Arbeitsanregungen	• Diskussion: Welche Vorteile bringt die EU? Fühlst du dich als „Europäer"? • Recherche zur Geschichte der Europäischen Integration • Historische Rückschau auf die „Europaidee"

Das Leben geht weiter

Literatur

Unterrichtsvorschläge

Fieberg, Klaus: „Von dem Onkel dürft Ihr nichts annehmen! Nachkriegszeit-Karikaturen von Mirko Szewczuk“; in: Praxis Geschichte H. 4/2002, S. 46-48

Geschichte lernen Nr. 18 (1990)

Kaulfuß, Ralf (Hrsg.): Geschichtsbilder. Historisches Lernen mit Bildern und Karikaturen, Donauwörth 2001

Krüger, Herbert: Geschichte in Karikaturen. Von 1848 bis zur Gegenwart, Stuttgart 1981

Praxis Geschichte H. 1/2004

Schnakenberg, Ulrich: „Developing multiperspectivity through cartoon analysis: strategies for analysing different views of three watersheds in modern German history“; in: Teaching History 139 (2010), S. 32-40

Weiterführende Literatur

Marienfeld, Wolfgang: Die Geschichte des Deutschlandproblems im Spiegel der politischen Karikatur, Hannover 1989.

Pandel, Hans-Jürgen: Karikaturen. Gezeichnete Kommentare und visuelle Leitartikel; in: Pandel, Hans-Jürgen; Schneider, Gerhard (Hrsg.): Handbuch Medien im Geschichtsunterricht, Schwalbach/Ts. 1999, S. 255-276

Schnakenberg, Ulrich: „Columbia und Uncle Sam, Britannia und John Bull: Amerikanische und britische Nationalallegorien in ihrer gegenseitigen Karikatur“; in: Aufklärung – Konstitutionalismus – Atlantische Welt, hrsg. v. Ulrich Schnakenberg und Thomas Clark, Kassel 2009, S. 133-158

Stiftung Haus der Geschichte der Bundesrepublik Deutschland (Hrsg.): Unterm Strich. Karikatur und Zensur in der DDR, Leipzig 2005

Karikatur-Sammlungen

Brooks, Charles (Hrsg.): Best Editorial Cartoons of the Year, 1974ff.

Dollinger, Hans: Lachen streng verboten! Die Geschichte der Deutschen im Spiegel der Karikatur, München 1972

Fieberg, Klaus (Hrsg.): Karikaturen im Kontext, Braunschweig 2003 (CD-Rom)

Geisen, Hans: Politische Karikaturen, Bde. 1-16, 1967-1984

Haitzinger, Horst: Politische Karikaturen, 1975ff.

Mussil, Felix: Politische Karikaturen, 1995ff.